韓王信盧綰列傳第三十三　史記九十三

韓王信者徐廣曰一云信都○索隱曰楚漢春秋云韓王信都恐誤也諸書不言有韓信都案韓王信初為韓司徒後訛云申徒因誤以為韓王名耳故韓襄王孽孫也張晏曰孺子為孽○索隱曰何休注公羊以為孽賤子猶樹之有孽生也漢書朝錯云孽子悼惠王是也長八尺五寸及項梁之立楚後懷王也燕齊趙魏皆已前王唯韓無有後故立韓諸公子橫陽君成正義曰故橫城在宋州宋城縣西南三十里為韓王徐廣曰二年六月也都陽翟欲以撫定韓故地項梁敗死定陶成犇懷王沛公引兵擊陽城正義曰河南縣也使張良以韓司徒徐廣曰他本多作申徒申與司聲相近字由此雜乱耳今有申徒云是司徒之後言司声轉為申降下韓故地得信以為韓將將

其兵從沛公入武關沛公立為漢王韓信從入漢中迺說漢王曰項王王諸將近地而王獨遠居此此左遷也士卒皆山東人跂而望歸及其鋒東鄉文穎曰鋒銳欲東向○索隱曰跂音企起踵也鄭氏云鋒軍中將士氣鋒韋昭曰其氣鋒銳欲東也○正義曰跂音岐可以爭天下漢王還定三秦迺許信為韓王先拜信為韓太尉將兵略韓地項籍之封諸王皆就國韓王成以不從無功不遣就國更以為列侯徐廣曰元年十一月誅成駰案漢書曰封為穰侯○索隱曰地理志穰縣屬南陽及聞漢遣韓信略韓地迺令故項籍游吳時吳令鄭昌正義曰項籍在吳時昌曰為吳縣令為韓王以距漢漢二年韓信略

定韓十餘城漢王至河南韓信急擊韓王昌陽城昌降漢王迺立韓信爲韓王徐廣曰二年十一月常將韓兵從三年漢王出滎陽韓王信周苛等守滎陽及楚敗滎陽信降楚已而得亡復歸漢漢復立以爲韓王竟從擊破項籍天下定五年春遂與剖符爲韓王王潁川明年春徐廣曰即五年之二月駰案漢書曰六年春上以韓信材武所王北近鞏洛南迫宛葉東有淮陽皆天下勁兵處迺詔徙韓王信王太原以北備禦胡都晉陽信上書曰國被邊李奇曰被音被馬也匈奴數入晉陽正義曰并州去塞遠請治馬邑正義曰朔州上許之信乃徙治馬邑秋匈奴冒頓大圍信索隱曰冒音墨又音莫報反信數使使胡求和解漢發兵救之疑信數間使有二心使人責讓信信恐誅因與匈奴約共攻漢反以馬邑降胡擊太原七年冬上自往擊破信軍銅鞮正義曰潞州縣斬其將王喜信亡走匈奴與其將白土人張晏曰白土縣名屬上郡曼丘臣王黃等立趙苗裔趙利爲王復收信敗散兵而與信及冒頓謀攻漢匈奴使左右賢王將萬餘騎與王黃等屯廣武以南正義曰廣武故城在代州鴈門縣界也至晉陽與漢兵戰漢大破之追至于離石正義曰石

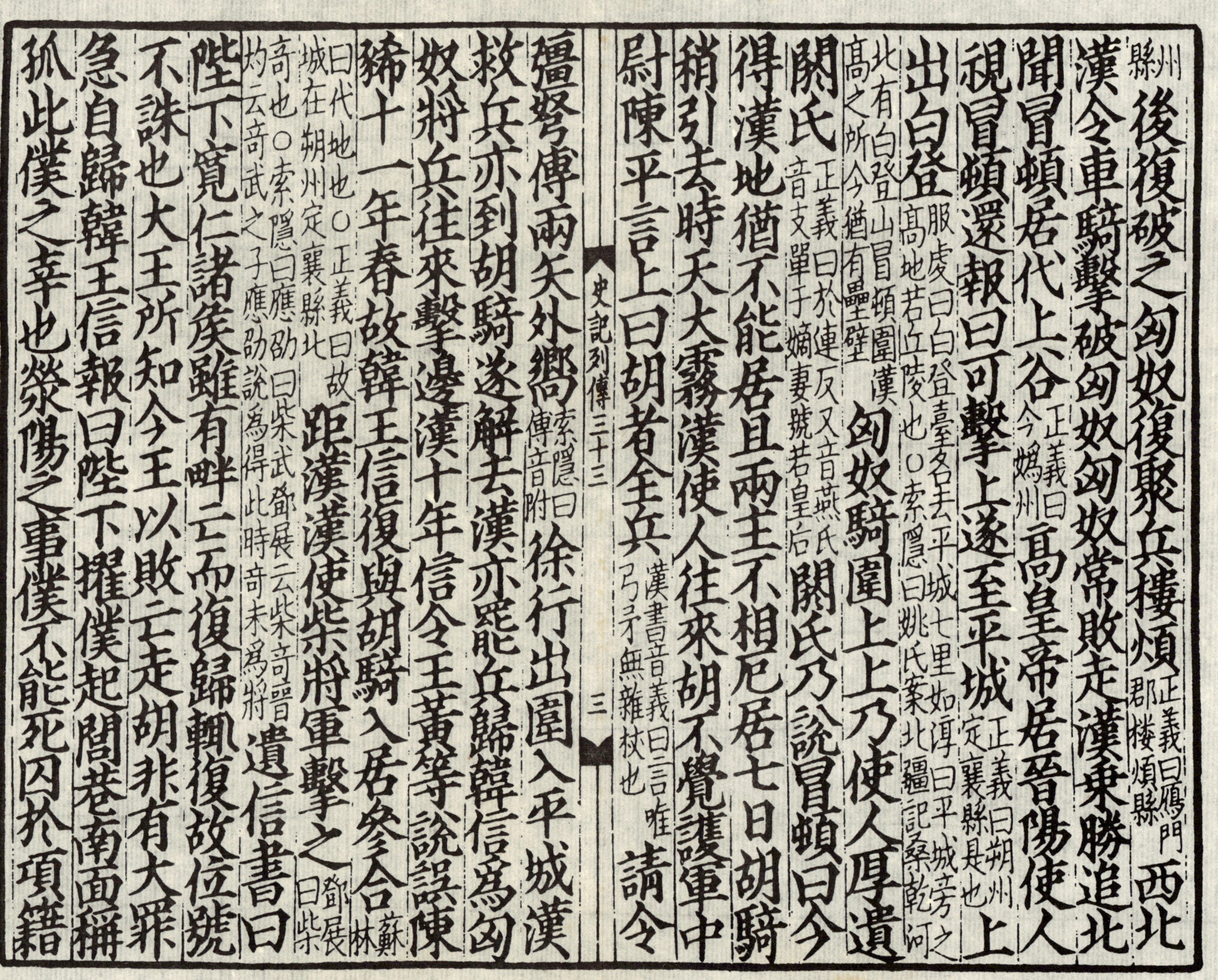

後復破之匈奴復聚兵樓煩正義曰鴈門郡樓煩縣西北漢令車騎擊破匈奴匈奴常敗走漢乘勝追北聞冒頓居代上谷正義曰今嬀州高皇帝居晉陽使人視冒頓還報曰可擊上遂至平城正義曰朔州定襄縣是也上出白登服虔曰白登臺名去平城七里如淳曰平城旁之高地若丘陵也○索隱曰姚氏案北彊記桑乾河北有白登山冒頓圍漢高之所今猶有壘壁匈奴騎圍上上乃使人厚遺閼氏正義曰於連反又音燕氏音支單于嫡妻號若皇后閼氏乃說冒頓曰今得漢地猶不能居且兩主不相戹居七日胡騎稍引去時天大霧漢使人往來胡不覺護軍中尉陳平言上曰胡者全兵漢書音義曰言唯弓矛無雜仗也請令

彊弩傅兩矢外鄉索隱曰傅音附徐行出圍入平城漢救兵亦到胡騎遂解去漢亦罷兵歸韓信爲匈奴將兵往來擊邊漢十年信令王黃等說誤陳豨十一年春故韓王信復與胡騎入居參合蘇林曰代地也○正義曰故城在朔州定襄縣北距漢漢使柴將軍擊之鄧展曰柴奇也○索隱曰應劭曰柴武鄧展云柴奇晉灼云奇武之子應劭說爲得此時奇未爲將遺信書曰陛下寬仁諸侯雖有畔亡而復歸輒復故位號不誅也大王所知今王以敗亡走胡非有大罪急自歸韓王信報曰陛下擢僕起閭巷南面稱孤此僕之幸也滎陽之事僕不能死囚於項籍

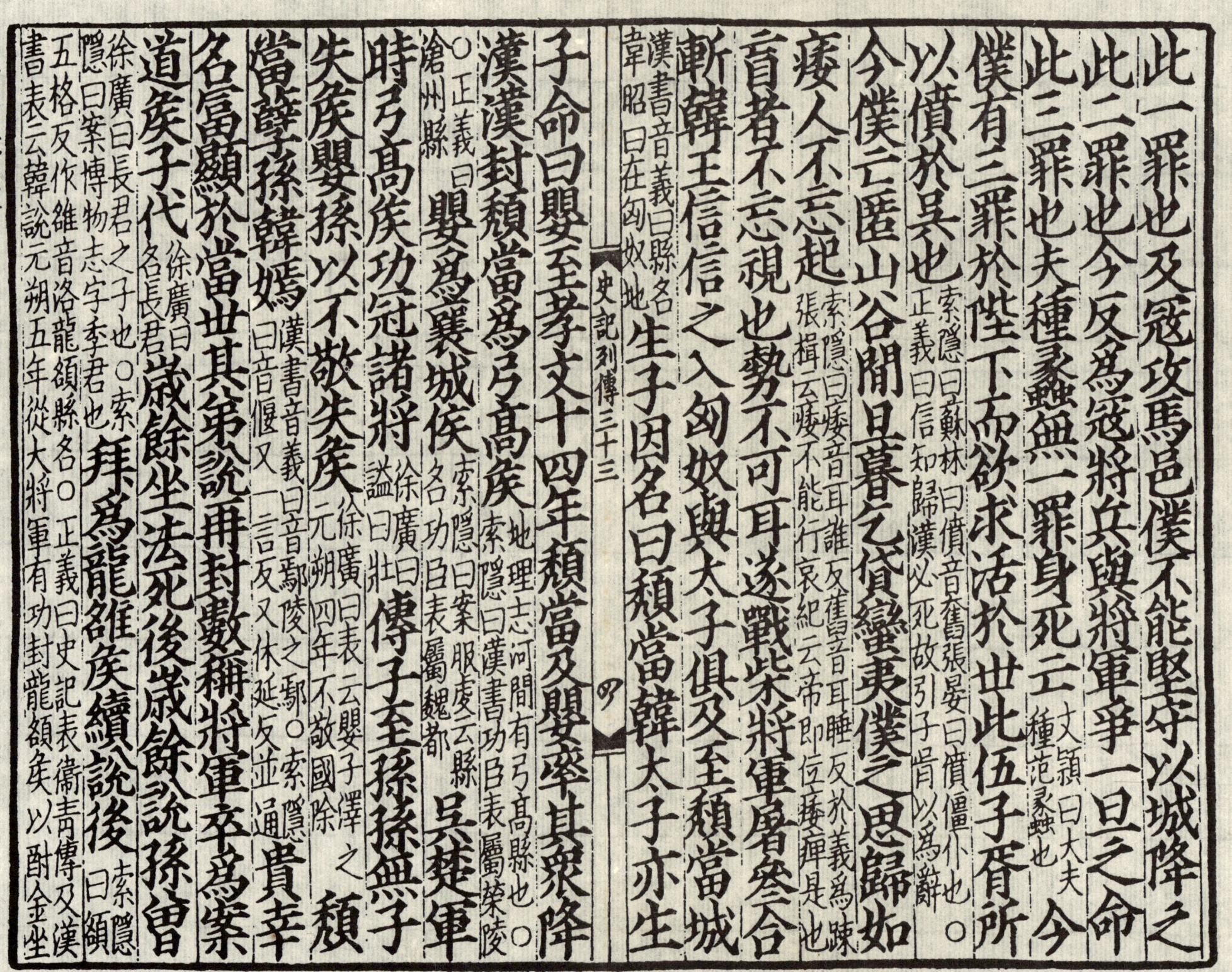

此一罪也及寇攻馬邑僕不能堅守以城降之此二罪也今反為寇將兵與將軍爭一旦之命此三罪也夫種蠡無一罪身死亡文穎曰大夫種范蠡也今僕有三罪於陛下而欲求活於世此伍子胥所以僨於吳也索隱曰蘇林曰僨音奮張晏曰僨僵仆也○正義曰信知歸漢必死故引子胥以為辭今僕亡匿山谷間旦暮乞貸蠻夷僕之思歸如痿人不忘起索隱曰痿音耳誰反舊音耳睡反於義為疎張揖云痿不能行哀紀云帝即位痿痺是也盲者不忘視也勢不可耳遂戰柴將軍屠參合斬韓王信信之入匈奴與太子俱及至穨當城漢書音義曰縣名韋昭曰在匈奴地生子因名曰穨當韓太子亦生

子命曰嬰至孝文十四年穨當及嬰率其衆降漢漢封穨當為弓高侯地理志河間有弓高縣也○索隱曰漢書功臣表屬營陵○正義曰滄州縣嬰為襄城侯索隱曰案服虔云縣名功臣表屬魏郡吳楚軍時弓高侯功冠諸將徐廣曰諡曰壯傳子至孫孫無子失侯嬰孫以不敬失侯徐廣曰表云嬰子澤之元朔四年不敬國除穨當孽孫韓嫣漢書音義曰音鄢陵之鄢○索隱曰音偃又一言反又休延反並通貴幸名富顯於當世其弟說再封數稱將軍卒為案道侯子代徐廣曰名長君歲餘坐法死後歲餘說孫曾索隱曰頟徐廣曰長君之子也○索隱曰案博物志字季君也拜為龍雒侯續說後五格反作雒音洛龍頟縣名○正義曰史記表衞青傳及漢書表云韓說元朔五年從大將軍有功封龍頟侯以酎金坐

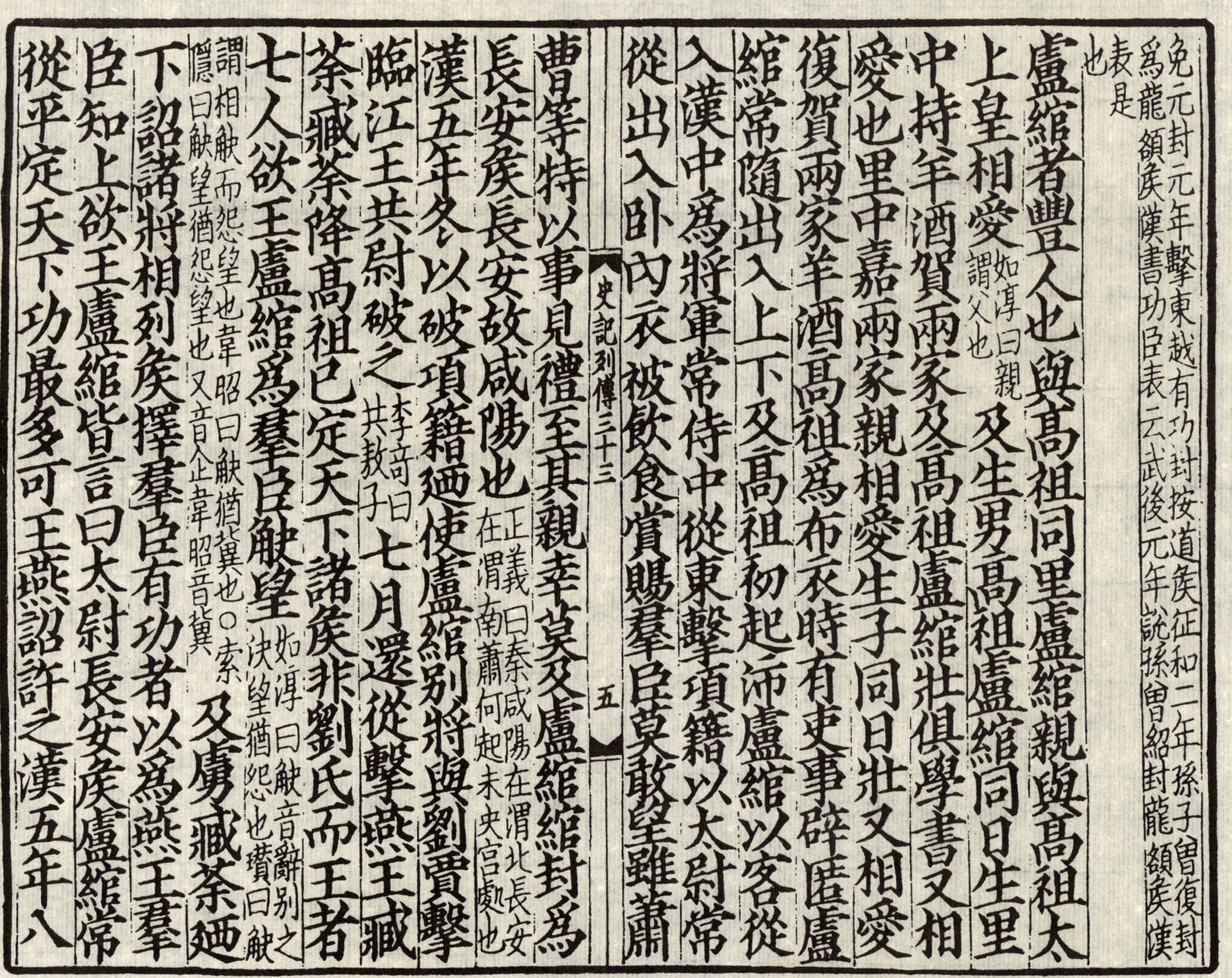

免元封元年擊東越有功封按道侯征和二年孫子曾復封爲龍頟侯漢書功臣表云武後元年説孫曾紹封龍頟侯漢表是也

盧綰者豐人也與高祖同里盧綰親與高祖太上皇相愛如淳曰親謂父也及生男高祖盧綰同日生里中持羊酒賀兩家及高祖盧綰壯俱學書又相愛也里中嘉兩家親相愛生子同日壯又相愛復賀兩家羊酒高祖爲布衣時有吏事辟匿盧綰常隨出入上下及高祖初起沛盧綰以客從入漢中爲將軍常侍中從東擊項籍以太尉常從出入卧内衣被飲食賞賜羣臣莫敢望雖蕭

曹等特以事見禮至其親幸莫及盧綰綰封爲長安侯長安故咸陽也正義曰秦咸陽在渭北長安在渭南蕭何起未央宮處也漢五年冬以破項籍迺使盧綰別將與劉賈擊臨江王共尉破之李奇曰共敖子七月還從擊燕王臧荼臧荼降高祖已定天下諸侯非劉氏而王者七人欲王盧綰爲羣臣觖望如淳曰觖音辭別之決望猶怨也瓚曰觖謂相觖而怨望也韋昭曰觖猶冀也○索隱曰觖望猶怨望也又音企韋昭音冀及虜臧荼迺下詔諸將相列侯擇羣臣有功者以爲燕王羣臣知上欲王盧綰皆言曰太尉長安侯盧綰常從平定天下功最多可王燕詔許之漢五年八

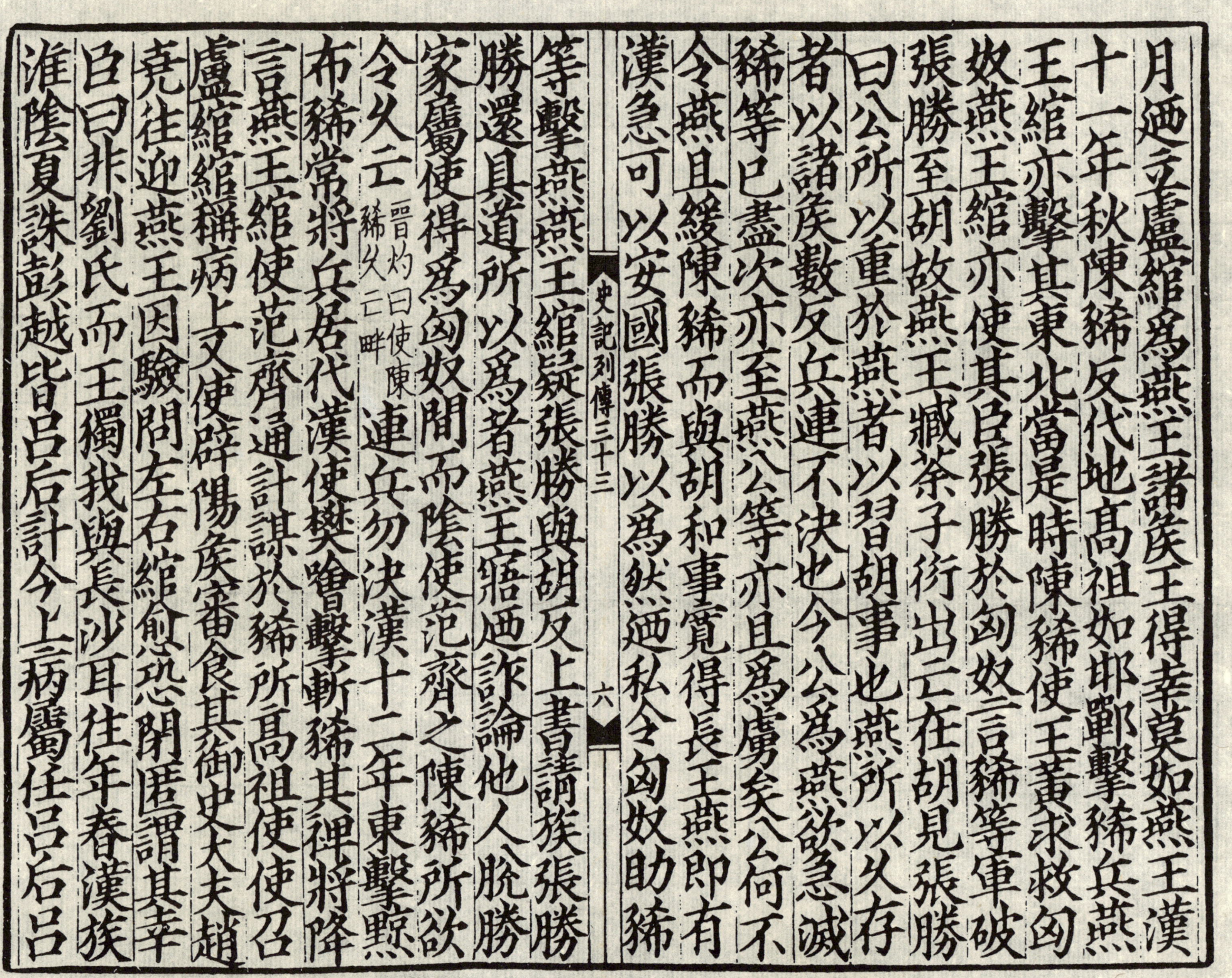

月迺立盧綰爲燕王諸侯王得幸莫如燕王漢十一年秋陳豨反代地高祖如邯鄲擊豨兵燕王綰亦擊其東北當是時陳豨使王黄求救匈奴燕王綰亦使其臣張勝於匈奴言豨等軍破張勝至胡故燕王臧荼子衍出亡在胡見張勝曰公所以重於燕者以習胡事也燕所以久存者以諸侯數反兵連不決也今公爲燕欲急滅豨等已盡次亦至燕公等亦且爲虜矣公何不令燕且緩陳豨而與胡和事寛得長王燕即有漢急可以安國張勝以爲然迺私令匈奴助豨

等擊燕燕王綰疑張勝與胡反上書請族張勝勝還具道所以爲者燕王寤迺詐論他人脫勝家屬使得爲匈奴間而陰使范齊之陳豨所欲令久亡晉灼曰使陳豨久亡畔連兵勿決漢十二年東擊黥布豨常將兵居代漢使樊噲擊斬豨其裨將降言燕王綰使范齊通計謀於豨所高祖使使召盧綰綰稱病上又使辟陽侯審食其御史大夫趙堯往迎燕王因驗問左右綰愈恐閉匿謂其幸臣曰非劉氏而王獨我與長沙耳往年春漢族淮陰夏誅彭越皆呂后計今上病屬任呂后呂

后婦人專欲以事誅異姓王者及大功臣迺遂稱病不行其左右皆亡匿語頗泄辟陽侯聞之歸具報上上益怒又得匈奴降者降者言張勝亡在匈奴為燕使於是上曰盧綰果反矣使樊噲擊燕燕王綰悉將其宮人家屬騎數千居長城下候伺幸上病愈自入謝四月高祖崩盧綰遂將其衆亡入匈奴匈奴以為東胡盧王綰為蠻夷所侵奪常思復歸居歲餘死胡中高后時盧綰妻子亡降漢會高后病不能見舍燕邸為欲置酒見之高后竟崩不得見盧綰妻亦病死

孝景中六年盧綰孫他之（正義曰他徒何反）以東胡王降（如淳曰為東胡王來降也漢紀東胡烏丸也）封為亞谷侯（徐廣曰亞一作惡也。正義曰漢表在河內）

陳豨者宛朐人也（索隱曰地理志屬濟陰下又云梁人是褚先生之說異也。正義曰宛朐曹州縣也太史公云陳梁人按宛朐六國時屬梁）不知始所以得從及高祖七年冬韓王信反入匈奴上至平城還迺封豨為列侯（徐廣曰功臣表曰陳豨以特將卒五百人前元年從宛朐至霸上為侯以游擊將軍別定代已破臧荼封豨為陽夏侯）以趙相國將監趙代邊兵邊兵皆屬焉豨常告歸過趙趙相周昌見豨賓客隨之者千餘乘邯鄲官舍皆滿豨所以待賓客如布衣交皆出客下〔正義曰言屈己禮之不用富貴自尊大〕豨還之代周昌迺求入見見上具言豨賓客盛甚擅兵於外數歲恐有變上乃令人覆案豨客居代者財物諸不法事多連引豨豨恐陰令客通使王黃曼丘臣所〔正義曰二人韓王信將〕及高祖七年七月太上皇崩使人召豨豨稱病甚九月遂與王黃等反自立爲大王劫略趙代上聞迺赦趙代吏人爲豨所詿誤劫略者皆赦之上自往至邯鄲喜曰豨不南據漳水北守邯鄲知其無能爲也趙相奏斬常山守尉曰常山二十五城豨反亡其二十城上問曰

守尉反乎對曰不反上曰是力不足也赦之復以爲常山守尉上問周昌曰趙亦有壯士可令將者乎對曰有四人四人謁上慢罵曰豎子能爲將乎四人慙伏上封之各千戶以爲將左右諫曰從入蜀漢伐楚功未徧行今此何功而封上曰非若所知陳豨反邯鄲以北皆豨有吾以羽檄徵天下兵〔魏武帝奏事曰今邊有小警輒露檄插羽飛羽檄之意也駰案推此言則以鳥羽插檄書謂之羽檄取其急速若飛鳥也〕未有至者今唯獨邯鄲中兵耳吾胡愛四千戶封四人以尉趙子弟皆曰善於是上曰陳豨將誰曰王黃曼丘臣皆故賈人

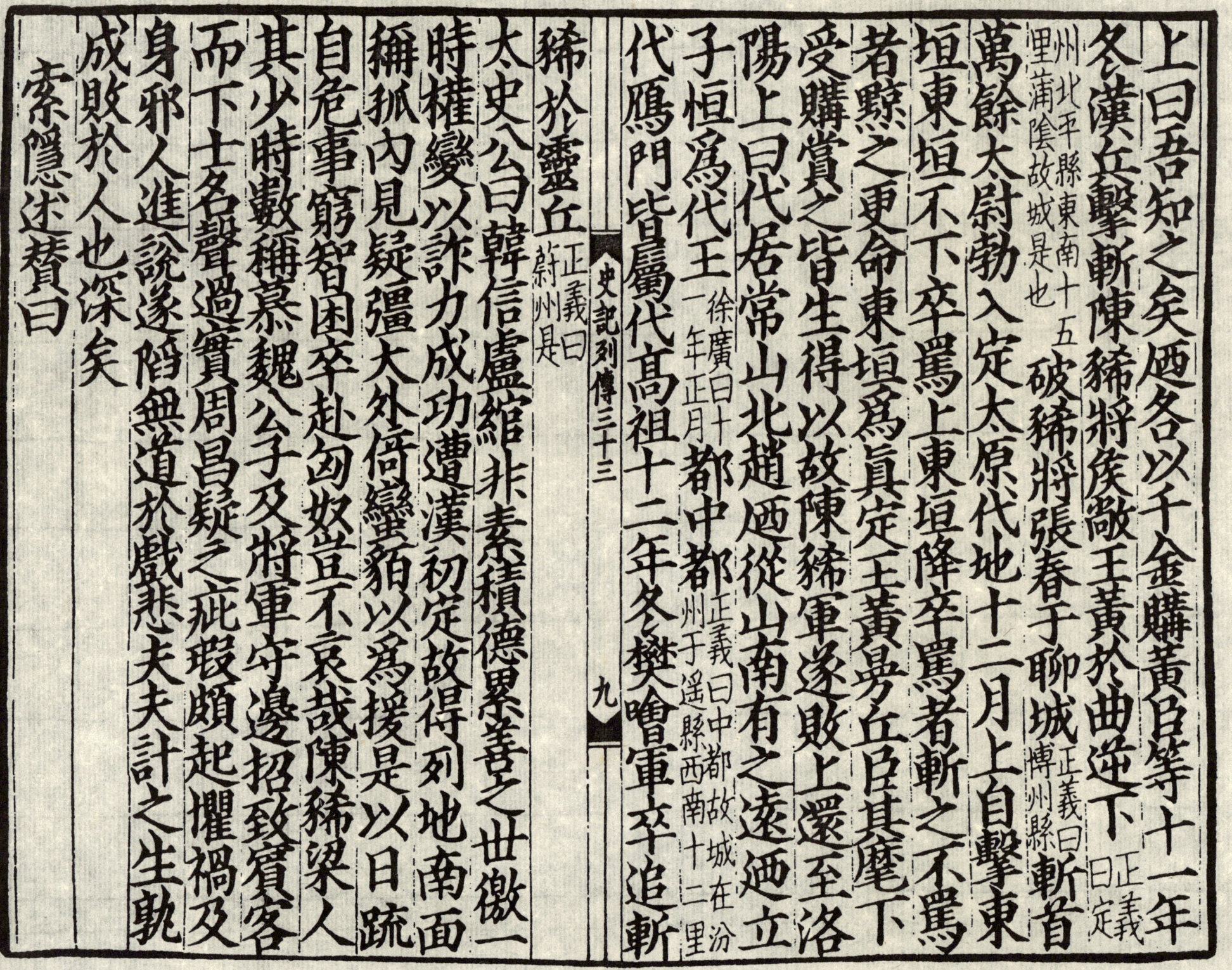

上曰吾知之矣乃各以千金購黃臣等十一年
冬漢兵擊斬陳豨將侯敞王黃於曲逆下正義曰定
州北平縣東南十五里蒲陰故城是也破豨將張春于聊城正義曰博州縣斬首
萬餘太尉勃入定太原代地十二月上自擊東
垣東垣不下卒罵上東垣降卒罵者斬之不罵
者黥之更命東垣爲眞定王黃曼丘臣其麾下
受購賞之皆生得以故陳豨軍遂敗上還至洛
陽上曰代居常山北趙乃從山南有之遠乃立
子恒爲代王徐廣曰十一年正月都中都正義曰中都故城在汾州平遙縣西南十二里
代鴈門皆屬代高祖十二年冬樊噲軍卒追斬
豨於靈丘正義曰蔚州是

太史公曰韓信盧綰非素積德累善之世徼一
時權變以詐力成功遭漢初定故得列地南面
稱孤內見疑彊大外倚蠻貊以爲援是以日疏
自危事窮智困卒赴匈奴豈不哀哉陳豨梁人
其少時數稱慕魏公子及將軍守邊招致賓客
而下士名聲過實周昌疑之疵瑕頗起懼禍及
身邪人進說遂陷無道於戲悲夫夫計之生孰
成敗於人也深矣

索隱述贊曰

韓襄遺孽　始從漢中　剖符南面
徙邑北通　頹當歸國　龍頟有功
盧綰親愛　羣臣莫同　舊燕是王
東胡計窮

韓王信盧綰列傳第三十三　史記九十三

田儋列傳第三十四　史記九十四

田儋者狄人也徐廣曰今樂安臨濟縣也○正義曰淄州高苑縣西北狄故縣城故齊王田氏族也儋從弟田榮榮弟田橫皆豪宗彊能得人索隱曰儋子市從弟榮榮子廣榮弟橫各遞爲王榮并王三齊陳涉之初起王楚也使周市略定魏地北至狄狄城守田儋詳爲縛其奴從少年之廷欲謁殺奴服虔曰古殺奴婢皆當告官儋欲殺令故詐縛奴而以謁也見狄令因擊殺令而召豪吏子弟曰諸侯皆反秦自立齊古之建國儋田氏當王遂自立爲齊王徐廣曰二世元年九月也發兵以擊周市周市軍還去田儋因率兵東略定齊地秦將章邯圍

魏王咎於臨濟急魏王請救於齊齊王田儋將兵救魏徐廣曰二年六月章邯夜銜枚擊大破齊魏軍殺田儋於臨濟下儋弟田榮收儋餘兵走東阿齊人聞王田儋死迺立故齊王建之弟田假爲齊王田角爲相田間爲將以距諸侯田榮之走東阿章邯追圍之項梁聞田榮之急迺引兵擊破章邯軍東阿下章邯走而西項梁因追之而田榮怒齊之立假迺引兵歸擊逐齊王假假亡走楚齊相角亡走趙角弟田間前求救趙因留不敢歸田榮乃立田儋子市爲齊王徐廣曰二年八月榮相之

田橫爲將平齊地項梁既追章邯章邯兵益盛項梁使使告趙齊發兵共擊章邯田榮曰使楚殺田假趙殺田角田閒乃肯出兵楚懷王曰田假與國之王窮而歸我殺之不義趙亦不殺田角田閒以市於齊齊曰蝮螫手則斬手螫足則斬足何者爲害於身也（應劭曰蝮一名虺螫人手足則割去其肉不然則致死○索隱曰蝮音芳伏反螫音臛又音釋○正義曰按蝮毒蛇長二三丈嶺南共有之虺長一二尺頭腹皆一遍說文云虺博三寸首大如擘手擘手大指也音步歷反）今田假田角田閒於楚趙非直手足戚也（文穎曰言將亡身非手足憂也瓚曰於楚趙非手足之親）何故不殺且秦復得志於天下則齮齕用事者墳墓矣（如淳曰齮齕猶齚齧○索隱曰齮音蟻齕音紇齮側齒齧也○正義曰按秦重得志非但辱身墳墓亦發掘矣若子胥鞭荊平王墓一云墳墓言死也）楚趙不聽齊亦怒終不肯出兵章邯果敗殺項梁破楚兵楚兵東走而章邯渡河圍趙於鉅鹿項羽往救趙由此怨田榮項羽既存趙降章邯等西屠咸陽滅秦而立侯王也乃徙齊王田市更王膠東治即墨齊將田都從共救趙因入關故立都爲齊王治臨淄故齊王建孫田安項羽方渡河救趙田安下濟北數城引兵降項羽項羽立田安爲濟北王治博陽田榮以負項梁不肯出兵助楚趙攻秦故不得王趙將

陳餘亦失職不得王二人俱怨項王項王既歸諸侯各就國田榮使人將兵助陳餘令反趙地而榮亦發兵以距擊田都田都亡走楚田榮留齊王市無令之膠東市之左右曰項王彊暴而王當之膠東不就國必危市懼迺亡就國田榮怒追擊殺齊王市於即墨還攻殺濟北王安於是田榮迺自立爲齊王盡幷三齊之地索隱曰田市王膠東田都王齊田安王濟北項王聞之大怒迺北伐齊齊王田榮兵敗走平原徐廣曰三年正月○正義曰平原德州也平原人殺榮項王遂燒夷齊城郭所過者盡屠之徐廣曰立故王田假也齊

人相聚畔之榮弟橫收齊散兵得數萬人反擊項羽於城陽徐廣曰假走楚楚殺之○正義曰城陽濮州雷澤是而漢王率諸侯敗楚入彭城項羽聞之迺釋齊而歸擊漢於彭城因連與漢戰相距滎陽以故田橫復得收齊城邑徐廣曰四月立田榮子廣爲齊王而橫相之專國政政無巨細皆斷於相橫定齊三年漢王使酈生往說下齊王廣及其相國橫橫以爲然解其歷下軍漢將韓信引兵且東擊齊齊初使華無傷田解軍於歷下以距漢漢使至迺罷守戰備縱酒且遣使與漢平漢將韓信已平趙燕

用蒯通計度平原襲破齊歷下軍因入臨淄齊王廣相橫怒以酈生賣己而亨酈生齊王廣東走高密（徐廣曰高一作假）相橫走博陽守相田光走城陽將軍田既軍於膠東楚使龍且救齊齊王與合軍高密漢將韓信與曹參破殺龍且（徐廣曰四年十一月）虜齊王廣漢將灌嬰追得齊守相田光至博陽而橫聞齊王死自立爲齊王還擊嬰嬰敗橫之軍於嬴下（晉灼曰泰山嬴縣也○正義曰故嬴城在兗州博城縣東北百里）田橫亡走梁歸彭越彭越是時居梁地中立且爲漢且爲楚韓信已殺龍且因令曹參進兵破殺田既於膠

東使灌嬰破殺齊將田吸於千乘（正義曰千乘故城在淄州高苑縣北二十五里）韓信遂平齊乞自立爲齊假王（徐廣曰二月也）漢因而立之後歲餘漢滅項籍漢王立爲皇帝以彭越爲梁王田橫懼誅而與其徒屬五百餘人入海居島中（韋昭曰海中山曰島○正義曰按海州東海縣有島山去岸八十里）高帝聞之以爲田橫兄弟本定齊齊人賢者多附焉今在海中不收後恐爲亂迺使使赦田橫罪而召之田橫因謝曰臣亨陛下之使酈生今聞其弟酈商爲漢將而賢臣恐懼不敢奉詔請爲庶人守海島中使還報高皇帝迺詔衛尉酈商曰齊

王田橫即至人馬從者敢動揺者致族夷迺復使使持節具告以詔商狀曰田橫來大者王小者迺侯耳不來且舉兵加誅焉田橫迺與其客二人乗傳詣雒陽（如淳曰四馬下足爲乗傳）未至三十里至尸鄉廐置（應劭曰尸鄉在偃師　瓚曰廐置置馬以傳驛也）橫謝使者曰人臣見天子當洗沐止留謂其客曰橫始與漢王俱南面稱孤今漢王爲天子而橫迺爲亡虜而北面事之其耻固已甚矣且吾亨人之兄與其弟併肩而事其主縱彼畏天子之詔不敢動我我獨不媿於心乎且陛下所以欲見我者不過欲一

見吾面貌耳今陛下在洛陽今斬吾頭馳三十里閒形容尚未能敗猶可觀也遂自剄令客奉其頭（正義曰奉音捧）從使者馳奏之高帝高帝曰嗟乎有以也夫起自布衣兄弟三人更王豈不賢乎哉爲之流涕而拜其二客爲都尉發卒二千人以王者禮葬田橫（正義曰齊田橫墓在偃師西十五里　崔豹古今注云薤露蒿里送哀歌也出田橫門人橫自殺門人傷之而作悲歌言人命如薤上露易晞滅至李延年乃分爲二曲薤露送王公貴人蒿里送士大夫庶人使挽逝者歌之俗呼爲挽歌）既葬二客穿其冢旁孔皆自剄下從之高帝聞之迺大驚以田橫之客皆賢吾聞其餘尚五百人在海中使使召之至則聞田

橫死亦皆自殺於是廼知田橫兄弟能得士也

太史公曰甚矣蒯通之謀亂齊驕淮陰其卒亡此兩人韓信田橫蒯通者善為長短說索隱曰言欲令此事長則長說之短則短說之故戰國策亦名曰短長書是也論戰國之權變為八十一首漢書曰號為雋永永一作求索隱曰書名也雋音松兖反通善齊人安期生安期生甞干項羽項羽不能用其筴已而項羽欲封此兩人兩人終不肯受亡去田橫之高節賓客慕義而從橫死豈非至賢余因而列焉無不善畫者莫能圖何哉索隱曰言天下非無善畫之人而不知圖畫田橫及其黨慕義死節之事何故哉歎畫人不知畫此也

索隱述贊曰

秦項之際　天下交兵　六國樹黨

自置豪英　田儋殞寇　立市相榮

楚封王假　齊破酈生　兄弟更王

海島傳聲

田儋列傳第三十四　史記九十四

舞陽侯【正義曰舞陽在許州葉縣東十里】樊噲者【正義曰音快又古外反】沛人也【正義曰徐州縣】以屠狗爲事【正義曰時人食狗亦與羊豕同故噲專屠以賣之】與高祖俱隱初從高祖起豐攻下沛高祖爲沛公以噲爲舍人從攻胡陵方與【正義曰房預二音】還守豐擊泗水監豐下【索隱曰案監者秦時御史監郡也豐下豐縣之下也○正義曰泗水郡名】破之復東定沛破泗水守薛西【索隱曰謂破其守於薛縣之西也】與司馬尼戰碭東【張晏曰秦司馬○正義曰秦將章邯司馬尼又碭宋州縣也】郤敵斬首十五級賜爵國大夫【文穎曰即官大夫也○正義曰爵第六級也】常從沛公擊章邯軍濮陽攻城先登斬首二十三級

賜爵列大夫【文穎曰即公大夫爵第七】復常從從攻城陽【徐廣曰年表二年七月破秦軍濮陽東屠城陽也○正義曰按城陽近濮陽而漢書作陽城大錯誤】先登下戶牖【正義曰戶牖汴州東陳留縣東北九十一里東昏故城是】破李由軍斬首十六級賜上聞爵【孟康曰不在二十爵中如執圭執帛比也如淳曰聞或作閭呂氏春秋曰魏文侯東勝齊於長城天子賞文侯以上聞爵○索隱曰張晏云得徑上聞晉灼曰名通於天子也如淳引呂氏春秋證上聞音中閭之閭】從攻圍東郡守尉於成武【正義曰曹州縣】郤敵斬首十四級捕虜十一人賜爵五大夫從擊秦軍出亳南【索隱曰案亳湯所都今河南偃師有湯亳是○正義曰亳故城在宋州穀熟縣西南四十里】河間守軍於杠里【正義曰地名近城陽】破之擊破趙賁軍開封【正義曰汴州縣】北以郤敵先登斬候一人首六十八級捕虜二

十七人賜爵卿從攻破楊熊軍於曲遇索隱曰音齲顒邑名也○正義曰曲丘雨反遇牛恭反鄭州中牟縣有曲遇聚攻宛陵索隱曰地理志屬河南○正義曰苑陵故城在鄭州新鄭縣東北三十八里先登斬首八級捕虜四十四人賜爵封號賢成君徐廣曰時賜爵有執帛執圭又有賜爵封而加美名以爲號也又有功則賜封列侯駰案張晏曰食祿比封君而無邑瓚曰秦制列侯乃有封爵也○索隱曰小顏云楚漢之際權設寵榮假其位號或得邑地或空受爵此例多矣約以秦制於義不通從攻長社轘轅正義曰許州理縣也轘轅門在緱氏縣東南三十里絶河津正義曰古平陰津在河南府東北五十里也東攻秦軍於尸南正義曰在偃師南攻秦軍於犨正義曰在汝州魯山縣東南破南陽守齮於陽城東攻宛城先登西至酈正義曰酈音擲在鄧州新城縣西北四十里以郤敵斬首二十四級捕虜四十人賜重封張晏曰益祿也如淳曰正爵名也瓚曰增封也○索隱曰張晏臣瓚義亦近是如淳非也小顏以爲重封者兼二號蓋爲得也攻武關至霸上斬都尉一人首十級捕虜百四十六人降卒二千九百人項羽在戲下欲攻沛公沛公從百餘騎因項伯面見項羽謝無有閉關事項羽既饗軍士中酒張晏曰酒酣也亞父謀欲殺沛公令項莊拔劒舞坐中欲擊沛公項伯常肩蔽之時獨沛公與張良得入坐樊噲在營外聞事急乃持鐵盾入到營營衛止噲噲直撞入漢書音義曰音撞鍾○正義曰撞直江反立帳下徐廣曰一本立帷下瞋目而視眥皆血出項羽目之問爲誰張良曰沛公參乘樊

噲項羽曰壯士賜之卮酒彘肩噲既飲酒拔劍切肉食盡之項羽曰能復飲乎噲曰臣死且不辭豈特卮酒乎且沛公先入定咸陽暴師霸上以待大王正義曰時羽未爲王史追書大王今日至聽小人之言與沛公有隙臣恐天下解正義曰紀買反至此爲絶句心疑大王也項羽默然沛公如廁麾樊噲去既出沛公留車騎獨騎一馬與樊噲等四人步從從閒道山下歸走霸上軍而使張良謝項羽項羽亦因遂已無誅沛公之心矣是日微樊噲犇入營誚讓項羽沛公事幾殆索隱曰誚責也亦或作譙○正義幾音祈明日

項羽入屠咸陽立沛公爲漢王漢王賜噲爵爲列侯號臨武侯正義曰桂陽臨武縣遷爲郎中從入漢中還定三秦別擊西丞白水北徐廣曰隴西有西縣白水在武都駰案如淳曰皆地名也晉灼曰白水今廣魏縣也地理志無西丞似秦將名○索隱曰案西謂隴西之西縣白水水名出武都經西縣東南流言噲擊西縣之丞在白水之北耳徐廣等說皆非也○正義曰括地志云白馬水源出文州曲水縣西南曾徑孫山下雍輕車騎於雍南破之正義曰上雍於拱反從攻雍斄城先登擊章平軍好時斄音胎○索隱曰案雍即扶風雍昌縣斄音台即后稷所封今之武功故斄城是章平即章邯子也攻城先登陷陣斬縣令丞各一人首十一級虜二十人遷郎中騎將從擊秦軍騎壤東索隱曰小顏亦以爲今之地名○正義曰壤鄉在武功縣東南二十里卻敵遷

爲將軍攻趙賁下郿正義曰岐州縣槐里柳中咸陽灌廢丘最李奇曰以水灌廢丘也張晏曰最功第一也晉灼曰京輔治華陰灌北也○索隱曰案柳中即細柳也在長安西也灌謂以水灌廢丘城陷其功最上也李奇曰廢丘即槐里也上有槐里此又言者疑此是小槐里非也案文云攻趙賁下郿槐里柳中咸陽惣言所攻陷之邑別言以水灌廢丘其功特最也何者初云槐里稱其新名後言功最是重舉不欲再見其文故因舊稱廢丘也至櫟陽正義曰雍州縣賜食邑杜之樊鄉索隱曰案杜陵有樊鄉三秦記曰長安正南山名秦嶺谷名子午一名樊川一名御宿樊鄉即樊川也從攻項籍屠煑棗索隱曰晉灼云檢地理志無煑棗功臣表則有煑棗侯清河有煑棗城小顏以爲攻項籍屠煑棗合在河南非清河之城明矣今案續漢書郡國志在濟陰宛朐也○正義曰按其時項羽未度河北冀州信都縣東北五十里者煑棗非矣擊破王武程處軍於外黃攻鄒魯瑕丘薛正義曰兖州縣在州東南六十二里魯兖州曲阜縣瑕丘兖州縣薛在徐州滕縣界項羽

敗漢王於彭城盡復取魯梁地噲還至滎陽益食平陰二千戶正義曰平陰故城在濟陽東北五里以將軍守廣武一歲項羽引而東從高祖擊項籍下陽夏正義曰夏音假陳州太康縣虜楚周將軍卒四千人圍項籍於陳正義曰陳州大破之屠胡陵正義曰在兖州南項籍既死漢王爲帝以噲堅守戰有功益食八百戶從高帝攻反燕王臧荼虜荼定燕地楚王韓信反噲從至陳取信定楚正義曰徐州更賜爵列侯與諸侯剖符世世勿絕食舞陽號爲舞陽侯除前所食以將軍從高祖攻反韓王信於代自霍人以往正義曰先

累反又蘇果反又山寡反杜預云霍人晉邑也霍人當作葰地理志云葰人縣屬太原郡括地志云葰人故城在代州繁時縣界也至雲中正義曰雲中郡縣皆朔州善陽縣北三百八十里定襄故城是也與絳侯等共定之益食千五百戶因擊陳豨與曼丘臣軍徐廣曰曼一作[illegible]字戰襄國正義曰邢州城破柏人正義曰邢州縣先登降定清河常山凡二十七縣殘東垣張晏曰殘有所毀也瓚曰殘謂多所殺傷也孟子曰害義謂之殘遷為左丞相破得綦毋卬尹潘軍於無終廣昌正義曰在蔚州飛狐縣北七里破豨別將胡人王黃軍於代南因擊韓信軍於參合正義曰在朔州定襄縣界軍所將卒斬韓信破豨胡騎橫谷正義曰谷名欲蓋在代斬將軍趙既虜代丞相馮梁守孫奮大將王黃將

軍太卜太僕解福正義曰人姓名等十人與諸將共定代鄉邑七十三其後燕王盧綰反噲以相國擊盧綰破其丞相抵薊南索隱曰抵音丁禮反抵至一云抵者丞相之名定燕地凡縣十八鄉邑五十一益食邑千三百戶定食舞陽五千四百戶從斬首百七十六級虜二百八十八人別破軍七下城五定郡六縣五十二得丞相一人將軍十二人二千石已下至三百石十一人噲以呂后女弟呂須為婦生子伉故其比諸將最親先黥布反時高祖嘗病甚惡見人臥禁中詔戶者無得入羣臣羣臣絳灌

等莫敢入十餘日噲乃排闥直入（正義宮中小門）大臣隨之上獨枕一宦者卧噲等見上流涕曰始陛下與臣等起豐沛定天下何其壯也今天下已定又何憊也且陛下病甚大臣震恐不見臣等計事顧獨與一宦者絶乎且陛下獨不見趙高之事乎高帝笑而起其後盧綰反高帝使噲以相國擊燕是時高帝病甚人有惡噲黨於吕氏即上一日宫車晏駕則噲欲以兵盡誅滅戚氏趙王如意之屬高帝聞之大怒乃使陳平載絳侯代將而即軍中斬噲陳平畏吕后執噲詣長

安至則高祖已崩吕后釋噲使復爵邑孝惠六年樊噲卒謚爲武侯子伉代侯而伉母吕須亦爲臨光侯高后時用事專權大臣盡畏之伉代侯九歲高后崩大臣誅諸吕吕須婘屬（索隱曰婘音眷）因誅伉舞陽侯中絶數月孝文帝既立乃復封噲他庶子市人爲舞陽侯復故爵邑市人立二十九歲卒謚爲荒侯子他廣代侯六歲侯家舍人得罪他廣怨之乃上書曰荒侯市人病不能爲人（正義曰言不能行人道）令其夫人與其弟亂而生他廣他廣實非荒侯子不當代後詔下吏孝景中六

年他廣奪侯爲庶人國除索隱曰案漢書平帝元始二年封噲玄孫之子章爲舞陽侯邑千戶

曲周侯正義曰故城在洛州曲周西南十五里酈商者高陽人索隱曰酈音歷高陽聚名屬陳留○正義曰雍州西南聚邑人也陳勝起時商聚少年東西略人得數千沛公略地至陳留六月餘徐廣曰月表曰二世元年九月沛公起兵二世三年二月襲陳留用酈食其策起兵至此十九月矣食其傳曰既說高帝已乃言其弟商使從沛公也○索隱曰事與酈生傳及年表小不同蓋史官意異也○正義曰徐注非也言商先東西略得數千人及沛公略地至陳留商起兵乃六月餘得四千人以將軍從高祖也商以將卒四千人屬沛公於岐索隱曰此地名闕蓋在河南陳鄭之界○正義曰高紀云酈食其說沛公襲陳留乃以食其爲廣野君酈商爲將將陳留兵與偕攻開封酈生傳云沛公引兵隨之乃下陳留爲廣陽君言其弟酈商使將數千人從沛公西南略地此此傳云屬沛公於岐從攻長社按紀傳此說岐當與陳留高陽相近也從攻長社先登賜爵封信成君從沛公攻緱氏絕河津破秦軍洛陽東從攻下宛穰定十七縣別將攻旬關漢書音義曰漢中旬陽縣音詢○索隱曰案在漢中旬陽縣旬水上之關定漢中項羽滅秦立沛公爲漢王漢王賜商爵信成君以將軍爲隴西都尉別將定北地正義曰寧州上郡正義曰鄜州破雍將軍烏氏音支○索隱曰烏音於然反氏音支縣名屬安定漢書云破章邯別將也○正義曰縣在涇州安定縣東四十里周類軍栒邑索隱曰栒邑在豳州地里志屬右扶風栒音荀蘇駔軍於泥陽徐廣曰駔一作驍○索隱曰北地縣名駔者龍馬也○正義曰故城在寧州羅川縣北三十一里泥谷水源出羅川縣東北泥陽源側有泉於泥中潛流二十餘步而流入泥谷又有泥陽湫在縣東北四十里賜

食邑武成六千戶正義曰縣在華州鄭縣東十三里以隴西都尉從擊項籍軍五月出鉅野與鍾離眛戰疾鬬受梁相國印益食邑四千戶以梁相國將從擊項羽二歲三月攻胡陵項羽既已死漢王爲帝其秋燕王臧荼反商以將軍從擊荼戰龍脫徐廣曰在燕趙之界駰案漢書音義曰地名○索隱曰其地闕正義易州易縣先登陷陣破荼軍易下卻敵遷爲右丞相賜爵列侯與諸侯剖符世世勿絕食邑涿五千戶正義曰涿幽州號曰涿侯以右丞相別定上谷正義曰媯州因攻代受趙相國印以右丞相趙相國別與絳侯等定代鴈門得代丞

相程縱守相郭同將軍已下至六百石十九人還以將軍爲太上皇衛一歲七月以右丞相擊陳豨殘東垣又以右丞相從高帝擊黥布攻其前拒徐廣曰一作和駰謂拒方陳拒音矩○索隱曰拒音巨鄒氏引左傳有左拒右拒徐云一作和軍門也漢書作前垣小顏以爲攻其壁壘之垣也李奇以爲前鋒堅敵若垣墻非也陷兩陳得以破布軍更食曲周五千一百戶除前所食凡別破軍三降定郡六縣七十三得丞相守相大將各一人小將二人二千石已下至六百石十九人商事孝惠高后時商病不治文穎曰不能治官事其子寄字況索隱曰酈寄字也鄒氏本作兄亦音況與呂祿善及高后崩大臣欲

誅諸呂呂祿爲將軍軍於北軍太尉勃不得入
北軍於是乃使人劫酈商令其子況紿呂祿索隱曰紿欺也詐也音待呂祿信之故與出游而太尉勃乃得入
據北軍遂誅諸呂是歲商卒謚爲景侯子寄代
侯天下稱酈況賣交也班固曰夫賣交者謂見利而忘義也若寄父爲功臣而又執劫雖權呂祿以安社稷誼存君親可也孝景前三年吳楚齊趙反上
以寄爲將軍圍趙城十月不能下得俞侯欒布俞音舒○索隱曰俞音鄃縣名又音輸在河東自平齊來乃下趙城滅趙王
自殺除國孝景中二年寄欲取平原君爲夫人蘇林曰景帝王皇后母臧兒也景帝怒下寄吏有罪奪侯景帝乃

以商他子堅封爲繆侯徐廣曰繆者更封邑名謚曰靖○索隱曰繆音穆邑也漢書無謚續酈氏後繆靖侯卒子康侯遂成立遂成
卒子懷侯世宗立徐廣曰世一作他世宗卒子侯終根立
爲太常坐法國除

汝陰侯正義曰汝陰即今陽城夏侯嬰沛人也爲沛廄司御
索隱曰案楚漢春秋云滕公爲御也每送使客還過沛泗上亭與高
祖語未嘗不移日也嬰已而試補縣吏與高祖
相愛高祖戲而傷嬰人有告高祖韋昭曰告白也白高祖傷人
高祖時爲亭長重坐傷人如淳曰爲吏傷人其罪重也○索隱曰案告故不
傷嬰鄧展曰律有故乞鞫高祖自告不傷人晉灼云獄結竟呼囚鞫語罪狀囚若稱枉欲乞鞫者

許之也　嬰證之後獄覆索隱曰案韋昭曰高帝自言不傷嬰嬰證之是獄辭翻覆也嬰坐高祖繫歲餘掠笞數百終以是脫高祖高祖之初與徒屬欲攻沛也嬰時以縣令史爲高祖使上降沛一日正義曰上爲于僞反使所吏反又曰謂父老開城門迎高祖高祖爲沛公賜嬰爵七大夫以爲太僕從攻胡陵嬰與蕭何降泗水監平張晏曰胡陵平所止縣何嘗給之故與降也平以胡陵降賜嬰爵五大夫從擊秦軍碭東攻濟陽下戶牖破李由軍雍丘下以兵車趣攻戰疾賜爵執帛常以太僕奉車從擊章邯軍東阿濮陽下以兵車趣攻戰疾破之賜爵執珪復常奉車從

擊趙賁軍開封楊熊軍曲遇嬰從捕虜六十八人降卒八百五十人得印一匱索隱曰案說文云匱匣也謂得其時自相部署之印因復常奉車從擊秦軍雒陽東以兵車趣攻戰疾賜爵封轉爲滕公徐廣曰令也駰案鄧展曰今沛郡公丘漢書曰嬰爲滕令奉車故號滕公○正義曰滕即公丘故城是在徐州滕縣西南十五里因復奉車從攻南陽戰於藍田芷陽索隱曰芷音止地名今霸陵也在京兆縣以兵車趣攻戰疾至霸上項羽至滅秦立沛公爲漢王漢王賜嬰爵列侯號昭平侯復爲太僕從入蜀漢還定三秦從擊項籍至彭城項羽大破漢軍漢王敗不利馳去見孝惠魯元載之漢王急

馬罷虜在後常蹶兩兒欲棄之（索隱曰蹶音厥又音巨月反一音居衛反漢書作蹳音撥）嬰常收竟載之徐行面雍樹乃馳（服虔曰高祖欲斬之故嬰圍樹走也面向樹也應劭云古者皆立乘嬰恐小兒隊者置一面雍持之樹立也蘇林曰南陽人謂抱小兒爲雍樹面者大人以面首向臨之小兒抱大人頸似懸樹也○索隱曰蘇林與晉灼皆同今則無其言或當時有此說其雍服之說蓋疎也）漢王怒行欲斬嬰者十餘卒得脫而致孝惠魯元於豐漢王既至滎陽收散兵復振賜嬰食祈陽（徐廣曰祈一作沂○索隱曰蓋鄉名也漢書作沂楚無其縣）復常奉車從擊項籍追至陳卒定楚至魯益食茲氏（索隱曰縣名也地理志屬太原）漢王立爲帝其秋燕王臧荼反嬰以太僕從擊荼明年從至陳取楚王信更食汝陰

剖符世世勿絕以太僕從擊代至武泉雲中（索隱曰地理志武泉屬雲中○正義曰二縣在朔州善陽縣界）益食千戶因從擊韓信軍胡騎晉陽旁大破之追北至平城爲胡所圍七日不得通高帝使使厚遺閼氏冒頓開圍一角高帝出欲馳嬰固徐行弩皆持滿外向卒得脫益食嬰細陽千戶（索隱曰地理志屬汝南）復以太僕從擊胡騎句注北大破之以太僕擊胡騎平城南三陷陳功爲多賜所奪邑五百戶（漢書音義曰時有罪過奪邑者以賜之）以太僕擊陳豨黥布軍陷陳卻敵益食千戶定食汝陰六千九百戶除前所食嬰自上初

起沛常爲太僕竟高祖崩以太僕事孝惠孝惠帝及高后德嬰之脫孝惠魯元於下邑之間也正義曰宋州碭山縣乃賜嬰縣北第第一曰近我以尊異之孝惠帝崩以太僕事高后高后崩代王之來嬰以太僕與東牟侯入清宮廢少帝以天子法駕迎代王代邸與大臣共立爲孝文皇帝復爲太僕八歲卒謚爲文侯索隱曰案姚氏云三輔故事曰滕文公墓在飲馬橋東大道南俗謂之馬冢博物志曰公卿送嬰葬至東都門外馬不行踣地悲鳴得石槨有銘曰佳城鬱鬱三千年見白日于嗟滕公居此室乃葬之子夷侯竈立七年卒子共侯賜立三十一年卒子侯頗尚平陽公主立十九歲元鼎二

年坐與父御婢姦罪自殺國除

潁陰侯正義曰今陳州南頓縣西北十三里潁陰故城是灌嬰者睢陽販繒者也正義曰宋州宋城縣高祖之爲沛公略地至雍丘下章邯敗殺項梁而沛公還軍於碭嬰初以中涓從擊破東郡尉於成武及秦軍於杠里疾鬬賜爵七大夫從攻秦軍亳南開封曲遇戰疾力賜服虔曰疾攻之賜爵執帛號宣陵君從攻陽武以西至雒陽破秦軍尸北北絕河津南破南陽守齮陽城東遂定南陽郡西入武關戰於藍田疾力至霸上賜爵執珪號昌文君索隱曰亦稱宣陵君皆非爵土加美號耳沛公

立爲漢王拜嬰爲郎中從入漢中十月拜爲中
謁者從還定三秦下櫟陽降塞王還圍章邯於
廢丘未拔從東出臨晉關擊降殷王定其地擊
項羽將龍且魏相項他軍走陶南疾戰破之賜
嬰爵列侯號昌文侯食杜平鄉 索隱曰謂食杜縣之平鄉 復以
中謁者從降下碭以至彭城項羽擊大破漢王
漢王遁而西嬰從還軍於雍丘王武魏公申徒
反 張晏曰秦將降爲公今反 從擊破之攻下黃 正義曰故城在曹州考城縣東
二十四里 西收兵軍於滎陽楚騎來衆漢王乃擇軍
中可爲車騎將者皆推故秦騎士重泉人 徐廣曰重
泉屬馮翊○正義曰故城在同州蒲城縣東南四十五里 李必駱甲習騎兵今爲
校尉可爲騎將 索隱曰必甲二人名也姚氏案漢紀桓帝延熙三年追録高祖功臣李必後黃門丞李遂爲晉陽關內侯也 漢王欲拜之必甲曰臣故秦民恐
軍不信臣臣願得大王左右善騎者傅之 如淳曰傅
音附猶言隨從者 灌嬰雖少然數力戰乃拜灌嬰爲中大
夫令李必駱甲爲左右校尉將郎中騎兵擊楚
騎於滎陽東大破之受詔別擊楚軍後絕其餉
道起陽武至襄邑擊項羽之將項冠於魯下破
之所將卒斬右司馬騎將各一人 張晏曰主右方之馬左亦如之 擊
破柘公王武軍於燕西 徐廣曰柘屬陳○索隱曰案武柘縣令也○正義曰柘屬

淮陽國按滑州胙城本南燕國也所將卒斬樓煩將伍人李奇曰樓煩縣名其人善騎射故以名射士爲樓煩取其美稱未必樓煩人也張晏曰樓煩胡國名連尹一人張晏曰大夫楚官○索隱曰案左傳莫敖連尹宮厩尹是擊王武別將桓嬰白馬下破
之所將卒斬都尉一人以騎渡河南送漢王到
雒陽使北迎相國韓信軍於邯鄲還至敖倉嬰
遷爲御史大夫三年以列侯食邑杜平鄉以御
史大夫受詔將郎中騎兵東屬相國韓信擊破
齊軍於歷下所將卒虜車騎將軍華毋傷及將
吏四十六人降下臨菑得齊守相田光追齊相
田橫至嬴博破其騎所將卒斬騎將一人生得

騎將四人攻下嬴博破齊將軍田吸於千乘所
將卒斬吸東從韓信攻龍且留公於高密索隱曰留縣令稱公旋其名高密縣名在北海漢書作假密假密地名不知所在未知孰是耳○正義曰留縣在沛郡公其令卒
斬龍且文穎曰所將卒生得右司馬連尹各一人樓煩
將十人身生得亞將周蘭齊地已定韓信自立
爲齊王使嬰別將擊楚將公杲於魯北破之轉
南破薛郡長身虜騎將一人攻博陽前至下相
以東南僮取慮徐索隱曰取音秋慮音閭取又音趣僮徐是二縣取慮是一縣名度
淮盡降其城邑至廣陵漢書音義曰往廣陵以禦敵○正義曰謂從下相以東南
盡降城邑乃至廣陵皆平定也項羽使項聲薛公郯公復定淮北

嬰度淮北擊破項聲郯公下邳正義曰郯音談東海縣斬薛公下下邳擊破楚騎於平陽索隱曰小顏云此平陽在東郡地理志太山有東平陽縣○正義曰南平陽縣城今兗州鄒縣也在兗州東南六十二里按鄒縣去徐州滕縣界四十餘里也遂降彭城虜柱國項佗降留薛沛酇蕭相攻苦譙正義曰戶焦二音復得亞將周蘭與漢王會頤鄉徐廣曰苦縣有頤鄉○索隱曰音以之反從擊項籍軍於陳下破之所將卒斬樓煩將二人虜騎將八人賜益食邑二千五百戶項籍敗垓下去也嬰以御史大夫受詔將車騎別追項籍至東城正義曰縣在濠州定遠縣東南五十五里破之所將卒五人共斬項籍皆賜爵列侯降左右司馬各一人卒萬二千人盡得其軍將吏下東城歷陽正義曰和州歷陽縣即今州城是也渡江破吳郡長吳下如淳曰雄長之長也○索隱曰下有郡守此長即令也如淳以爲雄長非也○正義曰今蘇州也按如說非也吳郡長即吳郡守也一破吳郡長兵於吳城下而得吳郡守身也得吳守遂定吳豫章會稽郡還定淮北凡五十二縣漢王立爲皇帝賜益嬰邑三千戶其秋以車騎將軍從擊破燕王臧荼明年從至陳取楚王信還剖符世世勿絕食潁陰二千五百戶號曰潁陰侯以車騎將軍從擊反韓王信於代至馬邑受詔別降樓煩以北六縣斬代左相破胡騎於武泉北正義曰縣名在朔州北二百二十里復從

擊韓信胡騎晉陽下所將卒斬胡白題將一人服虔曰胡名也受詔并將燕趙齊梁楚車騎擊破胡騎於硰石服虔曰硰音沙○索隱曰劉氏音千卧反至平城爲胡所圍從還軍東垣從擊陳豨受詔別攻豨丞相侯敞軍曲逆下破之卒斬敞及特將五人文穎曰特一之特也降曲逆盧奴上曲陽安國安平正義曰盧奴定州安喜縣是曲陽定州曲陽縣是安平定州安平縣攻下東垣黥布反呂車騎將軍先出攻布別將於相破之斬亞將樓煩將三人又進擊破布上柱國軍及大司馬軍又進破布別將肥誅徐廣曰一作銖○索隱曰案漢書作肥銖嬰身生得左司馬一人所將

卒斬其小將十人追北至淮上益食二千五百戶布已破高帝歸定令嬰食潁陰五千戶除前所食邑凡從得二千石二人別破軍十六降城四十六定國一郡二縣五十二得將軍二人柱國相國各一人二千石十人嬰自破布歸高帝崩嬰以列侯事孝惠帝及呂太后太后崩呂祿等以趙王自置爲將軍軍長安爲亂齊哀王聞之舉兵西且入誅不當爲王者上將軍呂祿聞之乃遣嬰爲大將將軍往擊之嬰行至滎陽乃與絳侯等謀因屯兵滎陽風齊王以誅呂氏事

正義曰風方鳳反齊兵止不前絳侯等既誅諸呂齊王罷兵歸嬰亦罷兵自滎陽歸與絳侯陳平共立代王爲孝文皇帝孝文皇帝於是益封嬰三千戶賜黃金千斤拜爲太尉三歲絳侯勃免相就國嬰爲丞相罷太尉官是歲匈奴大入北地上郡令丞相嬰將騎八萬五千往擊匈奴匈奴去濟北王反詔乃罷嬰之兵後歲餘嬰以丞相卒謚曰懿侯子平侯阿代侯二十八年卒子彊代侯十二年彊有罪絕二歲元光三年天子封灌嬰孫賢爲臨汝侯續灌氏後八歲坐行賕有罪國除

太史公曰吾適豐沛問其遺老觀故蕭曹樊噲滕公之家及其素異哉所聞方其鼓刀屠狗賣繒之時豈自知附驥之尾垂名漢廷德流子孫哉余與他廣通爲言高祖功臣之興時若此云索隱曰案他廣樊噲之孫後失封蓋嘗訝太史公序蕭曹樊滕之功悉具則從他廣而得其事故備也

索隱述贊曰

聖賢影響　雲蒸龍變　屠狗販繒
攻城野戰　扶義西上　受封南面
酈況賣交　舞陽內援　滕灌更王

弈葉繁衍

樊酈滕灌列傳第三十五　史記九十五

彊上問其說昌爲人吃又盛怒曰臣口不能言然臣期期知其不可（正義曰期以口吃每語故重言期期也）陛下雖欲廢太子臣期期不奉詔上欣然而笑既罷呂后側耳於東廂聽（韋昭曰殿東堂也○索隱曰小顏云正寢之東西室皆號曰箱言似箱篋之形）見周昌爲跪謝曰微君太子幾廢（索隱曰幾鉅依反）是後戚姬子如意爲趙王年十歲高祖憂即萬歲之後不全也趙堯年少爲符璽御史趙人方與公（孟康曰方與縣名公其號瓚曰方與縣令也）謂御史大夫周昌曰君之史趙堯年雖少然奇才也君必異之是且代君之位周昌笑曰堯年少刀筆吏耳（正義曰古用簡禮書有錯謬以刀削之故曰刀筆吏）何能至是乎居頃之趙堯侍高祖高祖獨心不樂悲歌羣臣不知上之所以然趙堯進請問曰陛下所爲不樂非爲趙王年少而戚夫人與呂后有郤邪備萬歲之後而趙王不能自全乎高祖曰然吾私憂之不知所出（索隱曰謂不知其計所出也）堯曰陛下獨宜爲趙王置貴彊相及呂后太子羣臣素所敬憚乃可高祖曰然吾念之欲如是而羣臣誰可者堯曰御史大夫周昌其人有堅忍質直且自呂后太子及大臣皆素敬憚之獨昌可高祖曰善於是乃召周昌謂曰吾欲固煩

公公彊爲我相趙王正義曰相談世論云使周相趙不如使取呂后家女爲妃令戚夫人善事呂后則如意無斃也周昌泣曰臣初起從陛下陛下獨柰何中道而棄之於諸侯乎高祖曰吾極知其左遷索隱曰諸侯王表有左官之律韋昭以爲左猶下也禁不得下仕於諸王也然地道尊右右貴左賤故謂貶秩爲左遷他皆此類然吾私憂趙王念非公無可者公不得已彊行於是徙御史大夫周昌爲趙相既行久之高祖持御史大夫印弄之曰誰可以爲御史大夫者孰視趙堯曰無以易堯遂拜趙堯爲御史大夫徐廣曰十年也堯亦前有軍功食邑及以御史大夫從擊陳豨有功封爲江邑侯徐廣曰十一年高祖

崩呂太后使使召趙王其相周昌令王稱疾不行使者三反周昌固爲不遣趙王於是高后患之乃使使召周昌周昌至謁高后高后怒而罵周昌曰爾不知我之怨戚氏乎而不遣趙王何昌既徵高后使使召趙王趙王果來至長安月餘飲藥而死周昌因謝病不朝見三歲而死徐廣曰謚悼也○索隱曰漢書列傳及表咸言周昌諡悼韋昭云或謚惠非也漢書又曰傳子至孫意有罪國除景帝復封昌孫左車爲安陽侯有罪國除後五歲正義曰高后之年高后聞御史大夫江邑侯趙堯高祖時定趙王如意之畫乃抵堯罪徐廣曰呂后元年國除以廣阿侯任敖爲御史大夫

任敖者故沛獄吏高祖嘗辟吏正義曰上音避吏繫呂后遇之不謹任敖素善高祖怒擊傷主呂后吏及高祖初起敖以客從爲御史守豐二歲高祖立爲漢王東擊項籍敖遷爲上黨守陳豨反時敖堅守封爲廣阿侯食千八百戶高后時爲御史大夫三歲免徐廣曰文帝二年任敖卒謚懿侯曾孫越人元鼎二年爲太常坐酒酸國除駰案漢書任敖孝文元年薨徐誤也○索隱曰皆徐氏據漢書爲記而誤云二年裴駰又引任安書謚爲得其實○正義曰按史記書表云孝文二年卒漢表又云封九十年卒計高祖十一年封到文帝二年則十九年矣而漢書誤裴氏不考乃云徐誤何其貳過也以平陽侯曹窋爲御史大夫高后崩不與大臣共誅呂祿等免以淮南相張蒼爲御史

大夫蒼與絳侯等尊立代王爲孝文皇帝四年丞相灌嬰卒張蒼爲丞相自漢興至孝文二十餘年會天下初定將相公卿皆軍吏張蒼爲計相時緒正律曆文穎曰緒尋也或曰緒業也以高祖十月始至霸上因故秦時本以十月爲歲首弗革推五德之運以爲漢當水德之時尚黑如故正義曰姚察云倉君是秦人猶用推五勝之法以周赤烏爲火漢勝火以水也吹律調樂人之音聲及以比定律令如淳曰比謂五音清濁各有所比也以定十二月律之法令於樂官使長行之瓚曰謂以比故取類以定法律與條令也○正義曰比音鼻或音必履反謂比方也若百工天下作程品如淳曰若順也百工爲器物皆有尺寸斤兩皆使得宜此之謂順晉灼曰若預及之辭○索隱曰晉灼說爲得至

於爲丞相卒就之故漢家言律暦者本之張蒼蒼本好書無所不觀無所不通而尤善律暦漢書曰著書十八篇言陰陽律暦事張蒼德王陵王陵者安國侯也及蒼貴常父事王陵陵死後蒼爲丞相洗沐常先朝陵夫人上食然後敢歸家蒼爲丞相十餘年魯人公孫臣上書言漢土德時其符有黃龍當見詔下其議張蒼張蒼以爲非是罷之其後黃龍見成紀於是文帝召公孫臣以爲博士草土德之暦制度更元年張丞相由此自絀謝病稱老蒼任人爲中候張晏曰所選保任者也瓚曰中候官名大爲姦利

上以讓蒼蒼遂病免蒼爲丞相十五歲而免孝景前五年蒼卒謚爲文侯子康侯代八年卒子類徐廣曰一作顙音瞶代爲侯八年坐臨諸侯喪後就位不敬國除索隱曰案漢書云傳子至孫類有罪國除今此文康代八年卒子顙代侯則顙即類與漢書略同也初張蒼父長不滿五尺及生蒼蒼長八尺餘爲侯丞相蒼子復長漢書云長八尺及孫類長六尺餘坐法失侯蒼之免相後老口中無齒食乳女子爲乳母妻妾以百數嘗孕者不復幸蒼年百有餘歲而卒

申屠丞相嘉者梁人以材官蹶張徐廣曰勇健有材力開張騶案

如淳曰材官之多力能脚蹋強弩張之故曰蹶張律有蹶張士○索隱曰孟康曰主張強弩蹶音其月反漢令曰蹶張士百人也從高帝擊項籍遷為隊率索隱曰所類反從擊黥布軍為都尉孝惠時為淮陽守孝文帝元年舉故吏士二千石從高皇帝者悉以為關內侯食邑二十四人而申屠嘉食邑五百戶張蒼已為丞相嘉遷為御史大夫張蒼免相徐廣曰後二年八月孝文帝欲用皇后弟竇廣國為丞相曰恐天下以吾私廣國廣國賢有行故欲相之念久之不可而高帝時大臣又皆多死餘見無可者乃以御史大夫嘉為丞相因故邑封為故安侯正義曰今易州界武陽城中東南闕故城是也嘉為人廉直門不受私謁是時太中大夫鄧通方隆愛幸賞賜累巨萬文帝嘗燕飲通家其寵如是是時丞相入朝而通居上傍有怠慢之禮丞相奏事畢因言曰陛下愛幸臣則富貴之至於朝廷之禮不可以不肅上曰君勿言吾私之罷朝坐府中嘉為檄召鄧通詣丞相府不來且斬通通恐入言文帝文帝曰汝第往吾今使人召若通至丞相府免冠徒跣頓首謝嘉坐自如故不為禮責曰夫朝廷者高皇帝之朝廷也通小臣戲殿上大不敬當斬吏今行斬

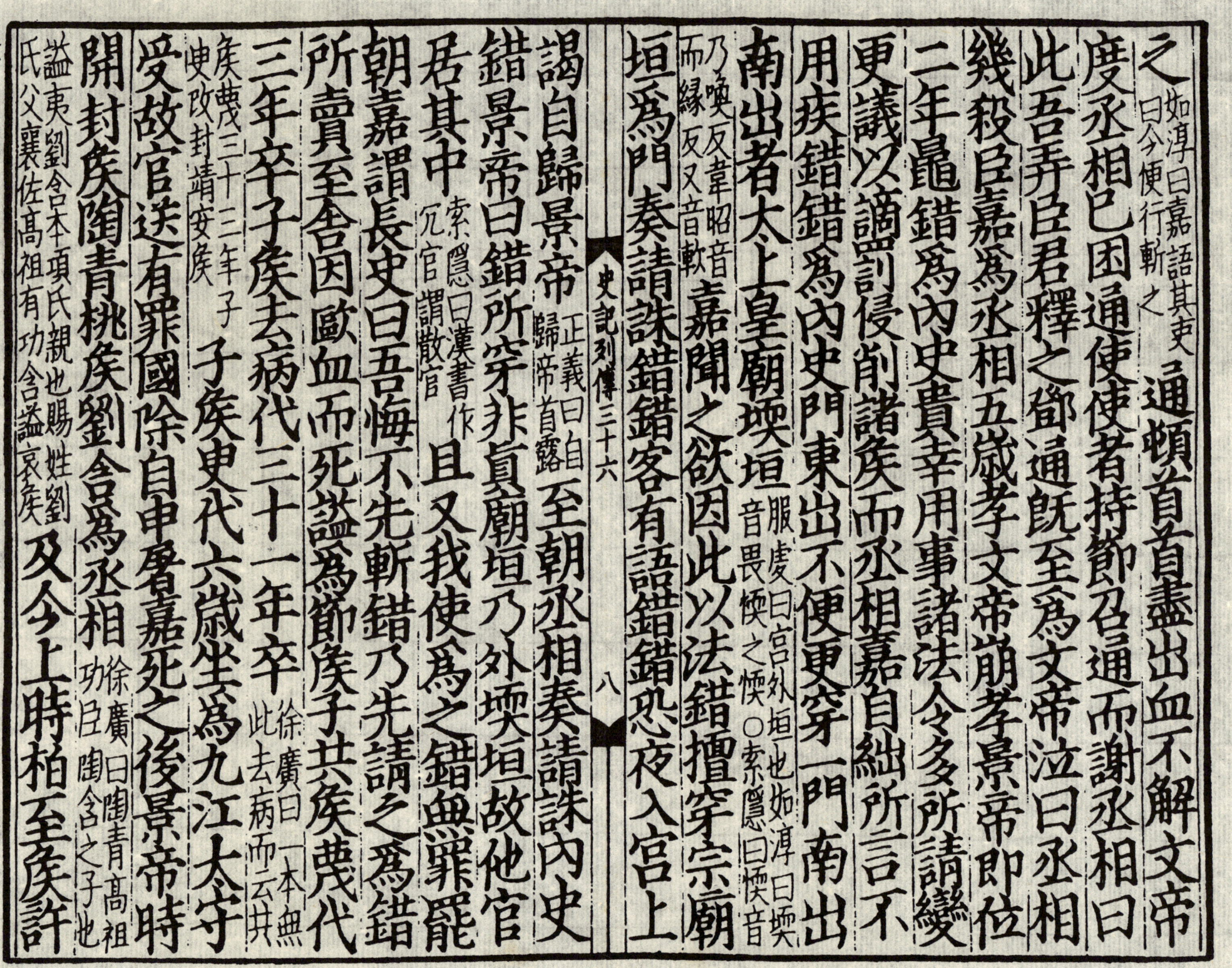

之如淳曰嘉語其吏曰今便行斬之通頓首首盡出血不解文帝度丞相已困通使使者持節召通而謝丞相曰此吾弄臣君釋之鄧通既至爲文帝泣曰丞相幾殺臣嘉爲丞相五歲孝文帝崩孝景帝即位二年鼂錯爲內史貴幸用事諸法令多所請變更議以謫罰侵削諸侯而丞相嘉自絀所言不用疾錯錯爲內史門東出不便更穿一門南出南出者太上皇廟堧垣服虔曰宮外垣也如淳曰堧音畏愞之愞○索隱曰堧音乃喚反韋昭音而緣反又音軟嘉聞之欲因此以法錯擅穿宗廟垣爲門奏請誅錯錯客有語錯錯恐夜入宮上謁自歸景帝正義曰自歸帝首露至朝丞相奏請誅內史錯景帝曰錯所穿非眞廟垣乃外堧垣故他官居其中索隱曰漢書作冗官謂散官且又我使爲之錯無罪罷朝嘉謂長史曰吾悔不先斬錯乃先請之爲錯所賣至舍因歐血而死謚爲節侯子共侯蔑代三年卒子侯去病代三十一年卒徐廣曰一本無此去病而云共侯蔑三十二年子臾改封靖安侯子侯臾代六歲坐爲九江太守受故官送有罪國除自申屠嘉死之後景帝時開封侯陶青桃侯劉舍爲丞相徐廣曰陶青高祖功臣陶舍之子也謚夷劉舍本項氏親也賜姓劉氏父襄佐高祖有功舍謚哀侯及今上時柏至侯許

呂徐廣曰高祖功臣許温之孫謚哀侯平棘侯薛澤徐廣曰高祖功臣廣平侯薛歐之孫平棘節侯薛澤武彊侯莊青翟徐廣曰高祖功臣莊不識之孫高陵侯趙周徐廣曰周父夷吾爲楚王戊太傅諫爭而死等爲丞相皆以列侯繼嗣娖娖徐廣曰娖音七角反一作斷一作齱○索隱曰娖音側角反小顏云持整之皃漢書作齱齱音初角反斷音都亂反義如尚書斷斷猗無他技廉謹爲丞相備員而已無所能發明功名有著於當世者

太史公曰張蒼文學律曆爲漢名相而絀賈生公孫臣等言正朔服色事而不遵明用秦之顓頊曆何哉張晏曰不考經典專用顓頊曆何哉周昌木彊人也正義曰言其質直倔強如木石焉任敖以舊德用張晏曰謂傷辱呂后吏申屠嘉可謂剛毅守節矣然無術學殆與蕭曹陳平異矣

孝武時丞相多甚不記莫錄其行起居狀略且紀征和以來有車丞相長陵人也名千秋卒而有韋丞相代索隱曰自車千秋已下皆褚先生等所記然丞相傳都省略漢書則備韋丞相賢者魯人也以讀書術爲吏至大鴻臚有相工相之當至丞相有男四人使相工相之至第二子其名玄成相工曰此子貴當封韋丞相言曰我即爲丞相有長子是安從得之後竟爲丞相病死而長子有罪論不得嗣而立玄成玄成時佯狂不肯立竟立之有讓國之名後坐

騎至廟不敬有詔奪爵一級爲關內侯失列侯得食其故國邑韋丞相卒有魏丞相代

魏丞相相者濟陰人也以文吏至丞相其人好武皆令諸吏帶劒帶劒前奏事或有不帶劒者當入奏事至乃借劒而敢入奏事其時京兆尹趙君（名廣漢）丞相奏以免罪使人執魏丞相欲求脫罪而不聽復使人脅恐魏丞相以夫人賊殺侍婢事而私獨奏請驗之發吏卒至丞相舍捕奴婢笞擊問之實不以兵刃殺也而丞相司直繁君（索隱曰繁姓也音婆）奏京兆尹趙君迫脅丞相誣以

夫人賊殺婢發吏卒圍捕丞相舍不道又得擅屏騎士事趙京兆坐要斬又有使掾陳平等劾中尚書疑以獨擅劫事而坐之大不敬長史以下皆坐死或下蠶室而魏丞相竟以丞相病死子嗣後坐騎至廟不敬有詔奪爵一級爲關內侯失列侯得食其故國邑魏丞相卒以御史大夫邴吉代

邴丞相吉者魯國人也以讀書好法令至御史大夫孝宣帝時以有舊故封爲列侯而因爲丞相明於事有大智後世稱之以丞相病死子顯

嗣後坐騎至廟不敬有詔奪爵一級失列侯得食故國邑顯爲吏至太僕坐官耗亂身及子男有姦贓免爲庶人邴丞相卒黃丞相代長安中有善相工田文者與韋丞相魏丞相邴丞相微賤時會於客家田文言曰今此三君者皆丞相也其後三人竟更相代爲丞相何見之明也

黃丞相霸者淮陽人也以讀書爲吏至潁川太守治潁川以禮義條教喻告化之犯法者風曉令自殺化大行名聲聞孝宣帝下制曰潁川太守霸以宣布詔令治民道不拾遺男女異路獄

中無重囚賜爵關內侯黃金百斤徵爲京兆尹而至丞相復以禮義爲治以丞相病死子嗣後爲列侯黃丞相卒以御史大夫于定國代于丞相已有廷尉傳在張廷尉語中于丞相去御史大夫韋玄成代

韋丞相玄成者即前韋丞相子也代父後失列侯其人少時好讀書明於詩論語爲吏至衛尉徙爲太子太傅御史大夫薛君免（名廣德也）爲御史大夫于丞相乞骸骨免而爲丞相因封故邑爲扶陽侯數年病死孝元帝親臨喪賜賞甚厚子

嗣後其治容容隨世俗浮沉而見謂諂巧而相工本謂之當爲侯代父而後失之復自游官而起至丞相父子俱爲丞相世間美之豈不命哉相工其先知之韋丞相卒御史大夫匡衡代丞相匡衡者東海人也好讀書從博士受詩家貧衡傭作以給食飲才下數射策不中至九乃中丙科其經以不中科故明習補平原文學卒史數年郡不尊敬御史徵之以補百石屬薦爲郎而補博士拜爲太子少傅而事孝元帝孝元好詩而遷爲光祿勳居殿中爲師授教左右而

縣官坐其旁聽甚善之日以尊貴御史大夫鄭弘坐事免而匡君爲御史大夫歲餘韋丞相死匡君代爲丞相封樂安侯以十年之間不出長安城門而至丞相豈非遇時而命也哉深惟士之游官所以至封侯者微甚（徐廣曰微一作徵）然多至御史大夫即去者諸爲大夫而丞相次也其心冀幸丞相物故也（高堂隆荅魏朝訪曰物無也故事也言無復所能於事）或乃陰私相毀害欲代之然守之日久不得或爲之日少而得之至于封侯眞命也夫御史大夫鄭君守之數年不得匡君居之未滿歲而韋丞相死

即代之矣豈可以智巧得哉多有賢聖之才困戹不得者衆甚也索隱曰案此論匡衡已來事則後人所述也或亦稱太史公其序述淺陋一何誣也

索隱述贊曰張蒼主計　天下作程　孫臣始絀
秦曆尚行　御史亞相　相國阿衡
申屠面折　周子廷爭　其他娖娖
無所發明

張丞相列傳第三十六　史記九十六

酈生陸賈列傳第三十七　史記九十七

酈生食其者正義曰曆異幾二音也陳留高陽人也徐廣曰今在圉縣○索隱曰案高陽屬陳留圉縣高陽鄉名也故耆舊傳云食其圉高陽鄉人○正義曰陳留風俗傳云高陽在雍丘西南括地志云圉城在汴州雍丘縣西南食其墓在雍丘西南二十八里蓋謂此也好讀書家貧落魄無以爲衣食業應劭曰落魄志行衰惡之皃也晉灼曰落薄落託義同也○索隱曰案鄭氏云魄音薄爲里監門吏正義曰監音甲衫反戰國策云王蠋對齊宣曰夫監門閭里士之賤也然縣中賢豪不敢役縣中皆謂之狂生及陳勝項梁等起諸將徇地正義曰徇略也過高陽者數十人酈生聞其將皆握齱應劭曰握齱急促之皃○索隱曰應劭云齱音若促鄒氏音鹿角反韋昭云握齱小節也好苛禮索隱曰案苛亦作荷賈逵云苛煩也小顏云苛細也自用不能聽大度之言酈生乃深自藏匿後聞沛公將兵略地陳留郊沛公麾下騎士適酈生里中子也服虔曰食其里中子適作沛公騎士○索隱曰適音釋服虔蘇林皆云沛公騎士適是食其里中人案言適近作騎士也沛公時時問邑中賢士豪俊騎士歸酈生見謂之曰吾聞沛公慢而易人多大略此眞吾所願從游莫爲我先索隱曰案先謂先容言無人爲我作紹介也○正義曰爲于僞反若見沛公謂曰臣里中有酈生年六十餘長八尺人皆謂之狂生生自謂我非狂生騎士曰沛公不好儒諸客冠儒冠來者沛公輒解其冠溲溺其中索隱曰溲所由反溺乃弔反亦如字溲即溺也與人言常大罵未

可以儒生說也酈生曰弟言之騎士從容言如酈生所誡者沛公至高陽傳舍徐廣曰二世三年二月使人召酈生酈生至入謁沛公方倨牀使兩女子洗足索隱曰按樂彥云踞牀曰倨而見酈生酈生入則長揖不拜曰足下欲助秦攻諸侯乎且欲率諸侯破秦也沛公罵曰豎儒索隱曰案豎者僮僕之稱沛公輕之以比奴豎故曰豎儒夫天下同苦秦久矣故諸侯相率而攻秦何謂助秦攻諸侯乎酈生曰必聚徒合義兵誅無道秦不宜倨見長者於是沛公輟洗起攝衣正義曰攝斂著也延酈生上坐謝之酈生因言六國從橫時沛公喜

賜酈生食問曰計將安出酈生曰足下起糾合之衆一作烏合一作瓦合收散亂之兵不滿萬人欲以徑入彊秦此所謂探虎口者也夫陳留天下之衝四通五達之郊也如淳曰四面中央凡五達也瓚曰四通五達言無險阻今其城又多積粟臣善其令正義曰言食其與陳留縣令相善也請得使之令下正義曰令力征反下謂降之也足下即不聽足下舉兵攻之臣為內應於是遣酈生行沛公引兵隨之遂下陳留號酈食其為廣野君酈生言其弟酈商使將數千人從沛公西南略地酈生常為說客馳使諸侯漢三年秋項羽擊漢拔滎陽漢兵遁

保鞏洛楚人聞淮陰侯破趙彭越數反梁地則分兵救之淮陰方東擊齊漢王數困滎陽成皋計欲捐成皋以東屯鞏洛以拒楚酈生因曰臣聞知天之天者王事可成不知天之天者王事不可成王者以民人爲天而民人以食爲天 索隱曰案此語出管子 夫敖倉天下轉輸久矣臣聞其下迺有藏粟甚多楚人拔滎陽不堅守敖倉迺引而東令適卒分守成皋 索隱曰適音直革反案通俗文云罰罪云云即所謂讁戍又音陟革反卒音租忽反 此乃天所以資漢也方今楚易取而漢反却自奪其便 索隱曰以言不取敖倉是漢却自奪其便利

臣竊以爲過矣且兩雄不俱立楚漢久相持不決百姓騷動海內搖蕩農夫釋耒工女下機 索隱曰案謂女工工巧也漢書作紅音功 天下之心未有所定也願足下急復進兵收取滎陽據敖倉之粟 正義曰敖倉在鄭州滎陽縣四十五里石門之東北臨汴水南帶三皇山秦時置倉於敖山上故名敖倉 塞成皋之險 正義曰即汜水縣山 杜大行之道 韋昭曰在河內野王北也 距蜚狐之口 如淳曰上黨壺關也案蜚狐在代郡西南○正義曰按蔚州飛狐縣北百五十里有秦漢故郡城西南有山俗號飛狐口也 守白馬之津以示諸侯効實形制之勢則天下知所歸矣方今燕趙已定唯齊未下今田廣據千里之齊田閒將二十萬之衆軍

於歷城諸田宗彊負海阻河濟南近楚人多變詐足下雖遣數十萬師未可以歲月破也臣請得奉明詔說齊王使為漢而稱東藩上曰善迺從其畫復守敖倉而使酈生說齊王曰王知天下之所歸乎王曰不知也曰王知天下之所歸則齊國可得保也若不知天下之所歸即齊國未可得保也齊王曰天下何所歸曰歸漢曰先生何以言之曰漢王與項王戮力西面擊秦約先入咸陽者王之漢王先入咸陽項王負約不與而王之漢中項王遷殺義帝漢王聞之起

蜀漢之兵擊三秦出關而責義帝之處收天下之兵立諸侯之後降城即以侯其將得賂即以分其士與天下同其利豪英賢才皆樂為之用諸侯之兵四面而至蜀漢之粟方船而下索隱曰案方船謂並舟也戰國策云方船積粟循江而下也項王有倍約之名殺義帝之負於人之功無所記於人之罪無所忘戰勝而不得其賞拔城而不得其封非項氏莫得用事為人刻印刓而不能授孟康曰刓斷無復廉鍔也瓚曰項羽吝於爵賞玩惜侯印不能以封其人也○索隱曰刓音五官反案郭象注莊子云立法而刓斷無圭角漢書作玩言玩惜不忍授人攻城得賂積而不能賞天下畔之賢才怨之而莫

爲之用故天下之士歸於漢王可坐而策也夫漢王發蜀漢定三秦涉西河之外援上黨之兵正義曰援音爰下井陘誅成安君破北魏舉三十二城索隱曰北魏謂魏豹豹在河北故也亦謂之西魏以大梁在河南故也此蚩尤之兵也非人之力也天之福也今已據敖倉之粟塞成皐之險守白馬之津杜太行之阪距蜚狐之口天下後服者先亡矣王疾先下漢王齊國社稷可得而保也不下漢王危亡可立而待也田廣以爲然迺聽酈生罷歷下兵守戰備與酈生日縱酒淮陰侯聞酈生伏軾下齊七十餘城迺夜度

兵平原襲齊齊王田廣聞漢兵至以爲酈生賣已迺曰汝能止漢軍我活汝不然我將亨汝酈生曰舉大事不細謹盛德不辭讓而公不爲若更言齊王遂亨酈生引兵東走漢十二年曲周侯酈商以丞相將兵擊黥布有功高祖舉列侯功臣思酈食其酈食其子疥數將兵功未當侯上以其父故封疥爲高梁侯後更食武遂嗣三世索隱曰疥音界地里志武遂屬河間案漢書作武陽子遂衍字誤也元狩元年中武遂侯平正義曰年表云卒子敵嗣卒子平嗣元年有罪國除而漢書云更食武陽子遂嗣恐漢書誤也坐詐詔衡山王取百斤金當棄市病死國除也

陸賈者楚人也〔索隱曰案陳留風俗傳云陸氏春秋時陸渾國之後晉侯伐之故陸渾子奔楚賈其後又陸氏譜云齊宣公支子達食菜於陸鄉號曰陸侯達生發發生皐適楚賈其孫也〕以客從高祖定天下名為有口辯士居左右常使諸侯及高祖時中國初定尉他平南越因王之〔索隱曰趙他為南越尉故曰尉他他音駞〕高祖使陸賈賜尉他印為南越王陸生至尉他魋結〔服虔曰魋音椎今兵士椎頭結○索隱曰魋直追反結音計謂為髻一撮似椎而結之故字從結且案其魋結二字依字讀之亦通謂夷人本被髮左衽今他同其風俗但魋其髮而結之也〕箕倨見陸生陸生因進說他曰足下中國人親戚昆弟墳墓在真定〔索隱曰趙地也本名東垣屬常山〕今足下反天性棄冠帶欲以區區之越與天子抗衡為敵國〔索隱曰案崔浩云抗對也衡車軛上橫木也抗衡言兩衡相對拒率不相避下也〕禍且及身矣且夫秦失其政諸侯豪傑並起唯漢王先入關據咸陽項羽倍約自立為西楚霸王諸侯皆屬可謂至彊然漢王起巴蜀鞭笞天下劫略諸侯遂誅項羽滅之五年之間海內平定此非人力天之所建也天子聞君王王南越不助天下誅暴逆將相欲移兵而誅王天子憐百姓新勞苦故且休之遣臣授君王印剖符通使君王宜郊迎北面稱臣迺欲以新造未集之越屈彊於此漢誠聞之掘燒王先人冢夷滅宗族使一偏將將十

萬衆臨越則越殺王降漢如反覆手耳於是尉他迺蹶然起坐【索隱曰蘇林音歷禮記子夏蹶然而起埤蒼云蹶起也】謝陸生曰居蠻夷中久殊失禮義因問陸生曰我孰與蕭何曹參韓信賢陸生曰王似賢復曰我孰與皇帝賢陸生曰皇帝起豐沛討暴秦誅彊楚爲天下興利除害繼五帝三皇之業統理中國中國之人以億計地方萬里居天下之膏腴人衆車轝萬物殷富政由一家自天地剖泮未始有也今王衆不過數十萬皆蠻夷崎嶇山海閒譬若漢一郡王何迺比於漢尉他大笑曰吾不起中國故王此使我居中國何渠不若漢【渠音詎○索隱曰漢書作遽字小顏以爲有何迫促而不如漢也】迺大說陸生留與飲數月曰越中無足與語至生來令我日聞所不聞賜陸生橐中裝直千金【張晏曰珠玉之寶也裝裹也○索隱曰橐音托案如淳云以爲明月珠之屬又案詩傳曰大曰橐小曰囊埤蒼云有底曰囊無底曰橐謂以寶物裝裹以入囊橐也】他送亦千金【蘇林曰非橐中物故曰他送也】陸生卒拜尉他爲越王令稱臣奉漢約歸報高祖大悅拜賈爲太中大夫陸生時時前說稱詩書高帝罵之曰迺公居馬上而得之安事詩書陸生曰居馬上得之寧可以馬上治之乎且湯武逆取而以順守之文武並用

長久之術也昔者吳王夫差智伯極武而亡秦任刑法不變卒滅趙氏趙氏秦姓也○索隱曰案韋昭云秦伯翳後與趙同出非廉造父有功周繆王封之趙由此一姓趙氏鄉使秦已并天下行仁義法先聖陛下安得而有之高帝不懌而有慙色廼謂陸生曰試爲我著秦所以失天下吾所以得之者何及古成敗之國陸生廼粗述存亡之徵凡著十二篇每奏一篇高帝未嘗不稱善左右呼萬歲號其書曰新語正義曰七録云新語二卷陸賈撰也孝惠帝時呂太后用事欲王諸呂畏大臣有口者陸生自度不能爭之廼病免家居以好畤田地善正義曰畤音止雍州縣也可以家焉有五男廼出所使越得橐中裝賣千金正義曰漢制一金直千貫分其子子二百金令爲生產陸生常安車駟馬從歌舞鼓琴瑟侍者十人寶劒直百金謂其子曰與汝約徐廣曰汝一作公過汝汝給吾人馬酒食極欲十日而更所死家得寶劒車騎侍從者一歲中往來過他客率不過再三過索隱曰率音律過音戈其下過字音光卧反數見不鮮索隱曰音朔現數見謂時時來見汝也不鮮言必令鮮美作食莫令見不鮮之物也漢書作數擊鮮如淳云新殺曰鮮也無久慁公爲也韋昭曰慁汙辱○索隱曰慁患也公賈自謂也言汝諸子無久猒患公也呂太后時王諸呂諸呂擅權欲劫少主危劉氏右丞相陳

平患之力不能爭恐禍及己常燕居深念陸生往請（漢書音義曰請若問起居）直入坐而陳丞相方深念不時見陸生（索隱曰深念深思之也）陸生曰何念之深也陳平曰生揣我何念（孟康曰揣度也韋昭曰揣音初委反）陸生曰足下位為上相食三萬戶矣（索隱曰案陳平傳食戶五千以曲逆秦時有三萬戶恐復業至此故稱也）可謂極富貴無欲矣然有憂念不過患諸呂少主耳陳平曰然為之奈何陸生曰天下安注意相天下危注意將將相和調則士務附士務附（徐廣曰務一作豫）天下雖有變即權不分為社稷計在兩君掌握耳臣常欲謂太尉絳侯絳侯與我戲易吾言君何不交驩太尉深相結為陳平畫呂氏數事陳平用其計迺以五百金為絳侯壽厚具樂飲太尉亦報如之此兩人深相結則呂氏謀益衰陳平迺以奴婢百人車馬五十乘錢五百萬遺陸生為飲食費陸生以此游漢廷公卿閒名聲藉甚（漢書音義曰言狼藉甚盛）及誅諸呂立孝文帝陸生頗有力焉孝文帝即位欲使人之南越陳丞相等乃言陸生為太中大夫往使尉他令尉他去黃屋稱制令比諸侯皆如意旨語在南越語中陸生竟以壽終

平原君朱建者楚人也故甞為淮南王黥布相有辠去後復事黥布布欲反時問平原君平原君止之布不聽而聽梁父侯遂反索隱曰梁父侯史失名如淳注漢書云遂布臣非也臣瓚曰布不用梁父侯計遂反耳其說是也漢已誅布聞平原君諫不與謀正義曰上音預得不誅語在黥布語中黥布列傳無此語平原君為人辯有口刻廉剛直家於長安行不苟合義不取容辟陽侯行不正得幸呂太后時辟陽侯欲知平原君平原君不肯見及平原君母死陸生素與平原君善過之平原君家貧未有以發喪索隱曰案劉氏云謂欲葬時須啓發殯宮故云發喪也方假貸

服具陸生令平原君發喪陸生往見辟陽侯賀曰平原君母死辟陽侯曰平原君母死何乃賀我乎陸賈曰前日君侯欲知平原君平原君義不知君以其母故張晏曰相知當同恤災危母在故義不知君○索隱曰案崔浩云建以母在義不以身許人也今其母死君誠厚送喪則彼為君死矣辟陽侯乃奉百金往稅韋昭曰衣服曰稅稅當為襚○索隱曰案說文稅贈終服也襚音式芮反亦音遂列侯貴人以辟陽侯故往稅凡五百金辟陽侯幸呂太后人或毀辟陽侯於孝惠帝孝惠帝大怒下吏欲誅之呂太后慙不可以言大臣多害辟陽侯行欲遂誅之辟陽侯急因使

人欲見平原君平原君辭曰獄急不敢見君廼求見孝惠幸臣閎籍孺索隱曰按佞幸傳云高祖時有籍孺孝惠時有閎孺今揔言閎籍孺誤也說之曰君所以得幸帝天下莫不聞今辟陽矦幸太后而下吏道路皆言君讒欲殺之今日辟陽矦誅旦日太后含怒亦誅君何不肉袒爲辟陽侯言於帝帝聽君出辟陽矦太后大驩兩主共幸君君貴富益倍矣於是閎籍孺大恐從其計言帝果出辟陽矦辟陽侯之囚欲見平原君平原君不見辟陽侯辟陽矦以爲倍已大怒及其成功出之廼大驚呂太后崩大臣誅

諸呂辟陽矦於諸呂至深如淳曰辟陽矦與諸呂相親信也爲罪宜誅者至深○索隱曰如淳之說非也案小顏云直言辟陽矦與諸呂相知情義至深重得其理也而卒不誅計畫所以全者皆陸生平原君之力也孝文帝時淮南厲王殺辟陽矦以諸呂故文帝聞其客平原君爲計策使吏捕欲治聞吏至門平原君欲自殺諸子及吏皆曰事未可知何早自殺爲平原君曰我死禍絕不及而身矣遂自剄孝文帝聞而惜之曰吾無意殺之廼召其子拜爲中大夫索隱曰案下文所謂與太史公善者使匈奴單于無禮廼罵單于遂死匈奴中初沛公引兵過陳留酈生踵軍

門上謁曰高陽賤民酈食其竊聞沛公暴露將兵助楚不義敬勞從者願得望見口畫天下便事使者入通沛公方洗問使者曰何如人也使者對曰狀貌類大儒衣儒衣冠側注（徐廣曰側注冠一名高山冠齊王所服以賜謁者）沛公曰爲我謝之言我方以天下爲事未暇見儒人也使者出謝曰沛公敬謝先生方以天下爲事未暇見儒人也酈生瞋目案劒叱使者曰走復入言沛公吾高陽酒徒也（徐廣曰一本言而公高陽酒徒）非儒人也使者懼而失謁跪拾謁還走復入報曰客天下壯士也叱臣臣恐至失謁曰

走復入言而公高陽酒徒也沛公遽雪足杖矛曰延客入酈生入揖沛公曰足下甚苦暴衣露冠將兵助楚討不義足下何不自喜也臣願以事見而曰吾方以天下爲事未暇見儒人也夫足下欲興天下之大事而成天下之大功而以目皮相恐失天下之能士且吾度足下之智不如吾勇又不如吾若欲就天下而不相見竊爲足下失之沛公謝曰鄉者聞先生之容今見先生之意矣延延而坐之問所以取天下者酈生曰夫足下欲成大功不如止陳留陳留者天下

之據衝也兵之會地也積粟數千萬石城守甚堅臣素善其令願爲足下說之不聽臣請爲足下殺之而下陳留足下將陳留之衆據陳留之城而食其積粟招天下之從兵從兵已成足下橫行天下莫能有害足下者矣沛公曰敬聞命矣於是酈生廼夜見陳留令說之曰夫秦爲無道而天下畔之今足下與天下從則可以成大功今獨爲亡秦嬰城而堅守臣竊爲足下危之陳留令曰秦法至重也不可以妄言妄言者無類吾不可以應先生所以教臣者非臣之意也願勿復道酈生留宿卧夜半時斬陳留令首踰城而下報沛公沛公引兵攻城縣令首於長竿以示城上人曰趣下而令頭已斷矣今後下者必先斬之於是陳留人見令已死遂相率而下沛公沛公舍陳留南城門上因其庫兵食積粟留出入三月從兵以萬數遂入破秦

太史公曰世之傳酈生書多曰漢王已拔三秦東擊項籍而引軍於鞏洛之間酈生被儒衣往說漢王廼非也自沛公未入關與項羽別而至高陽得酈生兄弟余讀陸生新語書十二篇固

當世之辯士至平原君子與余善是以得具論之

索隱述贊曰
廣野大度　始官側注　踵門長揖
深器重遇　說齊歷下　趣鼎何懼
陸賈使越　尉他慴怖　相說國安
書成主悟

酈生陸賈列傳第三十七　史記九十七

傅靳蒯成列傳第三十八　史記九十八

陽陵侯 地理志云馮翊陽陵縣 傅寬以魏五大夫騎將從為舍人起橫陽 索隱曰按橫陽邑名在韓韓公子成初封橫陽君張良立為韓王也○正義曰括地志云故橫城在宋州宋城縣西南三十里按蓋橫陽也 從攻安陽 正義曰後魏地形志云巳氏有安陽城隋改巳氏為楚丘今宋州楚丘縣西四十里安陽故城是也 杠里擊趙賁軍於開封及擊楊熊曲遇 正義曰曲丘羽反遇牛恭反司馬彪郡國志云中牟有曲遇聚按鄭州中牟縣也 陽武 正義曰鄭州縣也 斬首十二級賜爵卿從至霸上沛公立為漢王漢王賜寬封號共德君 索隱曰謂美號耳非地邑共音恭 從入漢中遷為右騎將從定三秦賜食邑雕陰 徐廣曰屬上郡○索隱曰案孟康云縣名也○正義曰鄜州洛交縣三十里雕陰故

城是也 從擊項籍待懷 服虔曰待高帝於懷○索隱曰小顏案地理志懷屬河內今懷州也 賜爵通德侯從擊項冠周蘭龍且所將卒斬騎將一人敖下 徐廣曰敖倉之下 益食邑屬淮陰 索隱曰張晏云信時為將云淮陰者終言之也 擊破齊歷下軍擊田解所屬相國參殘博 索隱曰博太山縣也顏監云屬曹參以殘破博縣也 益食邑因定齊地剖符世世勿絕封為陽陵侯二千六百戶除前所食為齊右丞相備齊 張晏曰時田橫未降故設屯備○正義曰按為齊王韓信相 五歲為齊相國 正義曰為齊悼惠王劉肥相五歲也 四月擊陳豨屬太尉勃以相國代丞相噲擊豨一月徙為代相國將屯 如淳曰既為相國有警則將卒而屯守也案律謂勒兵而守曰屯○索隱曰如淳云

漢初諸王官屬如漢朝故代有丞相案孔文祥云邊境有屯兵寛爲代相國兼領屯後因置將屯將軍也二歲
爲代丞相將屯孝惠五年卒謚爲景侯子須侯
精立二十四年卒子共侯則立十二年卒子侯
偃立二十一年坐與淮南王謀反死國除
信武侯靳歙索隱曰歙音翕以中涓從起宛朐正義曰上於元反下求俱反曹州縣也攻濟陽正義曰曹州宛朐縣西南三十五里濟陽故城破李由軍
擊秦軍亳南開封東北斬騎十人將一人徐廣曰將一作候首五十七級捕虜七十三人賜爵封號臨平
君又戰藍田北斬車司馬二人張晏曰主官車騎長一人張晏曰騎之長首二十八級捕虜五十七人至霸上沛公

立爲漢王賜歙爵建武侯遷爲騎都尉從定三
秦別西擊章平軍於隴西破之定隴西六縣所
將卒斬車司馬候各四人騎長十二人從東擊
楚至彭城漢軍敗還保雍丘去擊反者王武等
略梁地別將擊邢說軍張晏曰特起兵者也說音悅○索隱曰邢姓說名菑
南徐廣曰今曰考城○索隱曰菑音災今爲考城屬濟陰也破之身得說都尉二
人司馬候十二人降吏卒四千六百八十人破
楚軍滎陽東三年賜食邑四千二百戶別之河
內擊趙將賁郝上音肥下音釋○索隱曰漢書作趙賁軍案此在河北非曹參樊噲之所擊也
軍朝歌破之所將卒得騎將二人車馬二百五

十匹從攻安陽以東至棘蒲下七縣別攻破趙軍得其將司馬二人候四人降吏卒二千四百人從攻下邯鄲別下平陽徐廣曰鄴有平陽城○正義曰括地志云平陽故城在相州臨漳縣西二十五里身斬守相所將卒斬兵守郡守各一人孟康曰將兵郡守降鄴從攻朝歌邯鄲及別擊破趙軍降邯鄲郡六縣徐廣曰邯鄲高帝改曰趙國還軍敖倉破項籍軍成皋南擊絶楚饟道起滎陽至襄邑破項冠軍魯下正義曰魯城之下今兗州曲阜縣也略地東至繒郯下邳索隱曰案地理志繒屬東海○正義曰今繒城在沂州丞縣下邳泗水縣郯縣屬海州南至蘄竹邑索隱曰二邑名蘄在沛音機竹即竹邑擊項悍濟陽下還擊項

籍陳下破之別定江陵降江陵柱國大司馬以下八人身得江陵王索隱曰案孔文祥云共敖子共尉生致之雒陽因定南郡從至陳取楚王信剖符世世勿絶定食四千六百戶號信武侯以騎都尉從擊代攻韓信平城下還軍東垣有功遷爲車騎將軍并將梁趙齊燕楚車騎別擊陳豨丞相敞破之索隱曰小顏云矣敞也因降曲逆從擊黥布有功益封定食五千三百戶凡斬首九十級虜百三十二人別破軍十四降城五十九定郡國各一縣二十三得王柱國各一人二千石以下至五百石徐廣曰一本無此五

字三十九人高后五年歙卒諡爲肅侯子亭代侯二十一年坐事國人過律索隱曰案劉氏云事役使也謂使人違律數多也孝文後三年奪侯國除

蒯成侯緤者服虔曰蒯音菅蒯之蒯○索隱曰姓周名緤音薛蒯者鄉名案三倉云蒯鄉在城父縣音裴漢書作蒯從崩從邑今書本並作菅蒯音奸非也蘇林音簿催反晉灼案功臣表屬長沙崔浩音簿壞反楚漢春秋作馮成侯則裴馮聲相近此得其實也○正義曰括地志云蒯亭在河南西十四里苑中輿地志云蒯成縣故陳倉縣之故鄉聚名也周緤所封也晉武帝咸寧四年分陳倉立蒯城縣屬始平郡也沛人也姓周氏常爲高祖參乘以舍人從起沛至霸上西入蜀漢還定三秦食邑池陽正義曰雍州涇陽縣西北三里池陽故城是也東絕甬道從出度平陰遇淮陰侯兵襄國軍乍利乍不利終無離上心徐廣曰蒯成侯表云遇淮陰侯軍襄國楚漢約分鴻溝以緤爲信武侯戰不利不敢離上以緤爲信武侯食邑三千三百戶高祖十二年以緤爲蒯成侯除前所食邑上欲自擊陳豨蒯成侯泣曰始秦攻破天下未嘗自行今上常自行是爲無人可使者乎上以爲愛我賜入殿門不趨殺人不死至孝文五年緤以壽終諡爲貞侯正義曰諡爲尊侯一作卓子昌代侯有罪國除至孝景中二年封緤子居代侯徐廣曰表云孝景中元年封緤子應爲鄲侯諡康中二年侯居立沛郡有鄲縣鄲一作鄲○索隱曰鄲蘇林音多屬陳國地理志云沛郡有多縣案此文云子居表云子應不同者至元鼎三年居爲太常有罪國除

太史公曰陽陵侯傅寬信武侯靳歙皆高爵（徐廣曰一無高字又一本皆從高祖）從高祖起山東攻項籍誅殺名將破軍降城以十數未嘗困辱此亦天授也蒯成侯周緤操心堅正（索隱曰操音倉髙反）身不見疑上欲有所之未嘗不垂涕此有傷心者（徐廣曰此一作比）然可謂篤厚君子矣

索隱述賛曰

陽陵信武　結髮從漢　動叶人謀
功實天賛　定齊破項　我軍常冠
蒯成委質　夷險不亂　主上稱忠
人臣扼腕

傅靳蒯成列傳第三十八　史記九十八

劉敬叔孫通列傳第三十九　史記九十九

劉敬者齊人也索隱曰敬本姓婁漢書作婁敬漢五年戍隴西過洛陽高帝在焉婁敬脫輓輅蘇林曰一木橫鹿車前一人推之孟康曰輅音胡格反輓音晚○索隱曰輓者牽也輅者鹿車前橫木二人前輓一人後推之衣其羊裘見齊人虞將軍曰臣願見上言便事虞將軍欲與之鮮衣索隱曰上音仙鮮衣美服也婁敬曰臣衣帛衣帛見衣褐衣褐見終不敢易衣於是虞將軍入言上上召入見賜食已而問婁敬婁敬說曰陛下都洛陽豈欲與周室比隆哉上曰然婁敬曰陛下取天下與周室異周之先自后稷堯封之邰正義曰邰音胎雍州

武功縣西南二十三里故斄城是也說文云邰炎帝之後姜姓所封國弃外家也毛萇云邰姜嫄國堯見天因邰而生后稷故因封於邰也積德累善十有餘世公劉避桀居豳太王以狄伐故去豳杖馬箠居岐張晏曰言馬箠示約國人爭隨之及文王為西伯斷虞芮之訟始受命呂望伯夷自海濱來歸之正義曰呂望宅及廟在蘇州海鹽縣西也伯夷孤竹國在平州皆濱東海也武王伐紂不期而會孟津之上八百諸侯皆曰紂可伐矣遂滅殷成王即位周公之屬傅相焉廼營成周洛邑正義曰括地志云故王城一名河南城本郟鄏周公所築在洛州河南縣北九里苑中東北隅帝王紀云武王伐紂營洛邑而定鼎焉按此即營鄏城也書云乃營成周括地志云洛陽故城在洛州洛陽城東二十六里周公所築即成周城也尚書曰成周既成遷殷頑民帝王世紀云居鄏鄏之衆按劉敬

說周之美豈言居頑民之所以此而論漢書非也以此爲天下之中也諸侯四方納貢職道里均矣有德則易以王無德則易以亡凡居此者欲令周務以德致人不欲依阻險令後世驕奢以虐民也及周之盛時天下和洽四夷鄉風慕義懷德附離而並事天子莊子曰附離不以膠漆也○索隱曰案謂使離者相附也不屯一卒不戰一士八夷大國之民莫不賓服效其貢職及周之衰也分而爲兩正義曰公羊傳云東周者何成周也西周者何王城也按周自平王東遷以下十二王皆都王城至敬王乃遷都成周王赧又居王城也天下莫朝周不能制也非其德薄也而形勢弱也今陛下起豐擊沛收卒三千

人以之徑往而卷蜀漢定三秦與項羽戰滎陽爭成皋之口大戰七十小戰四十使天下之民肝腦塗地父子暴骨中野不可勝數哭泣之聲未絕傷痍者未起而欲比隆於成康之時臣竊以爲不侔也且夫秦地被山帶河四塞以爲固卒然有急百萬之衆可具也因秦之故資甚美膏腴之地此所謂天府者也索隱曰案戰國策蘇秦說惠王曰大王之國地勢形便此所謂天府高誘注云府聚也陛下入關而都之山東雖亂秦之故地可全而有也夫與人鬬不搤其肮張晏曰肮喉嚨也○索隱曰搤音厄肮音胡浪反一音胡剛反蘇林以爲肮頸大脈俗所謂胡脈也拊其背未

能全其勝也今陛下入關而都案秦之故地此亦搤天下之肮而拊其背也高帝問羣臣羣臣皆山東人爭言周王數百年秦二世即亡不如都周上疑未能決及留侯明言入關便即日車駕西都關中索隱曰案謂即日西都之計定也於是上曰本言都秦地者婁敬婁者乃劉也賜姓劉氏拜爲郎中號爲奉春君索隱曰按張晏云春爲歲之始以其首謀都關中故號奉春君漢七年韓王信反高帝自往擊之至晉陽聞信與匈奴欲共擊漢上大怒使人使匈奴匈奴匿其壯士肥牛馬但見老弱及羸畜正義曰上力爲反下許又反也使者十輩

來皆言匈奴可擊上使劉敬復往使匈奴還報曰兩國相擊此宜夸矜見所長韋昭曰夸張矜大也今臣往徒見羸瘠老弱索隱曰羸力爲反瘠音稷瘠瘦也漢書作胔音漬胔肉也恐非此必欲見短伏奇兵以爭利愚以爲匈奴不可擊也是時漢兵已踰句注正義曰句注山在代州鴈門縣西北三十里二十餘萬兵已業行上怒罵劉敬曰齊虜以口舌得官今乃妄言沮吾軍索隱曰沮音才敘反詩傳曰沮止也壞也械繫敬廣武索隱曰地理志縣名屬鴈門○正義曰廣武故縣在句注山南也遂往至平城匈奴果出奇兵圍高帝白登七日然後得解高帝至廣武赦敬曰吾不用公言以困平城吾皆以

斬前使十輩言可擊者矣迺封敬二千戸爲關內侯號爲建信侯高帝罷平城歸韓王信亡入胡當是時冒頓爲單于兵彊控弦三十萬應劭曰控引數苦北邊上患之問劉敬劉敬曰天下初定士卒罷於兵未可以武服也冒頓殺父代立妻羣母以力爲威未可以仁義說也獨可以計久遠子孫爲臣耳然恐陛下不能爲上曰誠可何爲不能顧爲奈何劉敬對曰陛下誠能以適長公主妻之厚奉遺之彼知漢適女送厚蠻夷必慕以爲閼氏生子必爲太子代單于何者貪漢重

幣陛下以歲時漢所餘彼所鮮數問遺因使辯士風諭以禮節冒頓在固爲子壻死則外孫爲單于豈嘗聞外孫敢與大父抗禮者哉兵可無戰以漸臣也若陛下不能遣長公主而令宗室及後宮詐稱公主彼亦知不肯貴近無益也高帝曰善欲遣長公主呂后日夜泣曰妾唯太子一女奈何棄之匈奴上竟不能遣長公主而取家人子名爲長公主妻單于使劉敬往結和親約劉敬從匈奴來因言匈奴河南白羊樓煩王張晏曰白羊匈奴國名○索隱曰案張晏云白羊國名二者並在河南河南者案在朔方之河南舊並匈奴地也今亦謂

新秦中去長安近者七百里輕騎一日一夜可以至秦中秦中新破少民地肥饒可益實夫諸侯初起時非齊諸田楚昭屈景莫能興今陛下雖都關中實少人北近胡寇東有六國之族宗彊一日有變陛下亦未得高枕而卧也臣願陛下徙齊諸田楚昭屈景燕趙韓魏後及豪桀名家居關中無事可以備胡諸侯有變亦足率以東伐此彊本弱末之術也上曰善迺使劉敬徙所言關中十餘萬口索隱曰案小顏云今高陵櫟陽諸田華陰好畤諸景及三輔諸屈諸懷尚多皆此時所徙也

史三百十二 注八十

叔孫通者薛人也晉灼曰楚漢春秋名何 索隱曰薛縣名屬魯國秦時以文學徵待詔博士數歲陳勝起山東使者以聞二世召博士諸儒生問曰楚戍卒攻蘄入陳於公如何博士諸生三十餘人前曰人臣無將將即反罪死無赦瓚曰將謂逆亂也公羊傳曰君親無將將而必誅願陛下急發兵擊之二世怒作色叔孫通前曰諸生言皆非也夫天下合為一家毀郡縣城鑠其兵示天下不復用且明主在其上法令具於下使人人奉職四方輻輳安敢有反者此特羣盜鼠竊狗盜耳何足置之齒牙閒郡守尉今捕論何足憂

二世喜曰善盡問諸生諸生或言反或言盜於是二世令御史案諸生言反者下吏非所宜言諸言盜者皆罷之廼賜叔孫通帛二十匹衣一襲索隱曰案國語謂之一稱賈逵案禮記袍必有表不單衣必有裳謂之一稱杜預云衣單複具云稱也拜爲博士叔孫通已出宮反舍諸生曰先生何言之諛也通曰公不知也我幾不脫於虎口正義曰幾音祈廼亡去之薛薛已降楚矣及項梁之薛叔孫通從之敗於定陶從懷王懷王爲義帝徙長沙叔孫通留事項王漢二年漢王從五諸侯入彭城叔孫通降漢王漢王敗而西因竟從漢叔孫通

儒服漢王憎之廼變其服服短衣楚製索隱曰案孔文祥云短衣便事非儒者衣服高祖楚人故從其俗裁製漢王喜叔孫通之降漢從儒生弟子百餘人然通無所言進專言諸故羣盜壯士進之弟子皆竊罵曰事先生數歲幸得從降漢今不能進臣等專言大猾何也索隱曰案類集云大猾狡猾也音滑叔孫通聞之廼謂曰漢王方蒙矢石爭天下漢書音義曰謂發石以投人諸生寧能鬭乎故先言斬將搴旗之士張晏曰搴拔也瓚曰拔取曰搴楚辞曰朝搴阰之木蘭○索隱曰搴音起焉反又巳勉反案方言云南方取物云搴許慎云搴取也王逸云阰山名又案埤蒼云山在楚音毗諸生且待我我不忘矣漢王拜叔孫通爲博士號稷嗣君徐廣

曰蓋言其德業足以繼蹤齊稷下之風流也騆案漢書音義曰稷嗣邑名漢五年已并天下諸侯共尊漢王爲皇帝於定陶叔孫通就其儀號高帝悉去秦苛儀法爲簡易羣臣飲酒爭功醉或妄呼拔劒擊柱高帝患之叔孫通知上益厭之也說上曰夫儒者難與進取可與守成臣願徵魯諸生與臣弟子共起朝儀高帝曰得無難乎叔孫通曰五帝異樂三王不同禮禮者因時世人情爲之節文者也故夏殷周之禮所因損益可知者謂不相復也臣願頗采古禮與秦儀雜就之上曰可試爲之令易知度吾所能行

爲之於是叔孫通使徵魯諸生三十餘人魯有兩生不肯行曰公所事者且十主皆面諛以得親貴今天下初定死者未葬傷者未起又欲起禮樂禮樂所由起積德百年而後可興也吾不忍爲公所爲公所爲不合古吾不行公往矣無汙我叔孫通笑曰若眞鄙儒也不知時變遂與所徵三十人西及上左右爲學者與其弟子百餘人爲綿蕞徐廣曰表位標準音子外反騆案如淳曰置設綿索爲習肄處蕞謂以茅翦樹地爲纂位春秋傳曰置茅蕝也○索隱曰韋昭云引繩爲綿立表爲蕞音茲會反賈逵云束茅以表位爲蕝又纂文云蕝今之纂字包愷音即悅反又音纂野外習之月餘叔孫通曰上可試

觀上既觀使行禮曰吾能爲此迺令羣臣習肄索隱曰肄亦習也音異會十月漢七年長樂宮成諸侯羣臣皆朝十月索隱曰小顏云漢以十月爲正故行朝歲之禮史家追書十月也案諸書並云十月爲歲首不言以十月爲正月古今注亦云羣臣始朝十月也儀先平明謁者治禮引以次入殿門廷中陳車騎步卒衛宮設兵張旗志徐廣曰一作幟傳言趨索隱曰案小顏傳聲教入者皆令趨趨疾行致敬也殿下郎中俠陛陛數百人功臣列侯諸將軍軍吏以次陳西方東鄉文官丞相以下陳東方西鄉大行設九賓臚句傳漢書音義曰傳從上下爲臚○索隱曰蘇林云上傳語告下爲臚下傳語告上爲句臚猶行者矣韋昭云大行掌賓客之禮今謂之鴻臚也九賓則周禮九儀也謂公侯伯子男孤卿大夫士也漢依此以爲臚傳以次

傳令上也向秀注莊子云從上語下爲臚音閭句音九注反於是皇帝輦出房百官執職傳警徐廣曰一作幟○索隱曰案輿服志云殷周以輦載軍器職載蒭豢至秦始去其輪而輿爲尊也職音幟傳警者漢儀云帝輦動則左右侍帷幄者稱警是也引諸侯王以下至吏六百石以次奉賀自諸侯王以下莫不振恐肅敬至禮畢復置法酒文穎曰作酒令法也蘇林曰常會須天子中起更衣然後入置酒矣○索隱曰姚氏云進止有禮也古人飲酒不過三爵君臣百拜終日宴不爲亂也諸侍坐殿上皆伏抑首如淳曰抑屈以尊卑次起上壽觴九行謁者言罷酒御史執法舉不如儀者輒引去竟朝置酒無敢讙譁失禮者於是高帝曰吾迺今日知爲皇帝之貴也迺拜叔孫通爲太常賜金五

百斤叔孫通因進曰諸弟子儒生隨臣久矣與臣共爲儀願陛下官之高帝悉以爲郎叔孫通出皆以五百斤金賜諸生諸生迺皆喜曰叔孫生誠聖人也知當世之要務漢九年高帝徙叔孫通爲太子太傅漢十二年高祖欲以趙王如意易太子叔孫通諫上曰昔者晉獻公以驪姬之故廢太子立奚齊晉國亂者數十年爲天下笑秦以不早定扶蘇令趙高得以詐立胡亥自使滅祀此陛下所親見今太子仁孝天下皆聞之呂后與陛下攻苦食啖徐廣曰攻猶今人言擊也啖一作淡駰案如淳曰食無菜茹爲啖○索隱曰案孔文祥云與帝共攻冒苦難俱食淡也案說文云淡薄味也音唐敢反其可背哉陛下必欲廢適而立少臣願先伏誅以頸血汙地索隱曰楚漢春秋叔孫何云臣三諫不從請以身當之撫劍將自殺上離席云吾聽子計不易太子高帝曰公罷矣吾直戲耳叔孫通曰太子天下本一搖天下振動奈何以天下爲戲高帝曰吾聽公言及上置酒見留侯所招客從太子入見上迺遂無易太子志矣高帝崩孝惠即位迺謂叔孫生曰先帝園陵寢廟羣臣莫能習徙爲太常定宗廟儀法及稍定漢諸儀法皆叔孫生爲太常所論著也孝惠帝爲東朝長樂宮關中記曰長樂

宫本秦之興樂宮也漢太后常居之及間往來數蹕煩人索隱曰韋昭云蹕止人行
也長樂未央宮東相去稍遠間往謂非時也中間往來清道煩人也迺作複道方築武庫
南韋昭曰閣道也如淳曰作複道方始築武庫南叔孫生奏事因請間曰
陛下何自築複道高寢衣冠月出游高廟高廟
漢太祖奈何令後世子孫乘宗廟道上行哉應劭
曰月出高帝衣冠備法駕名曰游衣冠如淳曰三輔黃圖高寢在高廟西高祖衣冠藏在高寢月出游於高廟其道值所
作複道故言乘宗廟道上行孝惠帝大懼曰急壞之叔孫生曰
人主無過舉索隱曰案謂舉動有過也左傳云君舉必書今已作百姓
皆知之今壞此則示有過舉願陛下為原廟渭
北衣冠月出游之益廣多宗廟大孝之本也上

迺詔有司立原廟原廟起以複道故孝惠帝曾
春出游離宮叔孫生曰古者有春嘗果方今櫻
桃孰可獻索隱曰案呂氏春秋仲春羞以含桃先薦寢廟高誘云進含桃也鸎鳥所含故曰含桃今之朱
櫻即是也願陛下出因取櫻桃獻宗廟上迺許之諸
果獻由此興

太史公曰語曰千金之裘非一狐之腋也臺榭
之榱非一木之枝三代之際非一士之智也信
哉夫高祖起微細定海內謀計用兵可謂盡之
矣然而劉敬脫輓輅一說建萬世之安智豈可
專邪叔孫通希世度務制禮進退與時變化卒

爲漢家儒宗大直若詘索隱曰音屈道固委蛇索隱曰音移

蓋謂是乎

索隱述贊曰

厦藉衆幹　裘非一狐　委輅獻說

緜蕝陳書　皇帝始貴　車駕西都

旣安太子　又和匈奴　奉春稷嗣

其功可圖

劉敬叔孫通列傳第三十九　史記九十九